D1867729

Sticken

humboldt
Freizeit

... ein Schmuckstück, finden Sie das nicht auch?
Diese aparte Mitteldecke verschönert nicht nur den Tisch; sie verleiht dem ganzen Ambiente eine festliche, stilvolle Eleganz. Die Arbeitsanleitung dazu finden Sie auf Seite 61.

Sticken

Von Gisela Schinzel

humboldt

humboldt-taschenbuch 612

Umschlaggestaltung: Christa Manner, München
Das Umschlagfoto wie auch das Foto im Frontispiz wurden uns freundlicherweise vom Modellstudio MEZ AG, Kenzingen, zur Verfügung gestellt.

Farbfotos für Farbtafeln I–VII: MEZ AG, Freiburg;
VIII oben und unten rechts: Schoeller Eitorf AG, Eitorf; unten rechts: Heinz Schinzel, München

Schwarzweiß-Fotos im Innenteil: Heinz-Schinzel, München, und MEZ AG, Freiburg

Zeichnungen im Innenteil: Autorin, MEZ AG, Schoeller Eitorf AG
Modell- oder Stichbeschreibungen: Autorin, MEZ AG, Schoeller Eitorf AG

Autorin und Verlag danken der Firma MEZ AG, Freiburg, sowie der Firma Schoeller Eitorf AG, Eitorf, für die freundliche Unterstützung.

Hinweis für den Leser:
Bezugsquellennachweis für die in den MEZ Modellbeschreibungen genannten Stoffe: Zweighart & Sawitzki, Postfach 120, 7032 Sindelfingen

Alle Angaben wurden von Autorin und Verlag sorgfältig geprüft. Dennoch kann eine Gewähr nicht übernommen werden.

Abkürzungsverzeichnis:

Abb.	Abbildung	**M.**	Masche
bzw.	beziehungsweise	**m**	Meter
ca.	circa	**mm**	Millimeter
cm	Zentimeter	**Nr.**	Nummer
cm²	Quadratzentimeter	**R.**	Reihe
g	Gramm	**re.**	rechts
Knl.	Knäuel	**Strg.**	Strang
li.	links		

Druck: Presse-Druck Augsburg
Printed in Germany
ISBN 3-581-66612-X

1 2 3 * 89 90 91

Inhalt

Einleitung

Die Stickkunst ist dem Menschen bereits seit Jahrtausenden bekannt (nachgewiesen schon um 1400 v. Chr. bei den Ägyptern) und hat doch bis auf den heutigen Tag nichts von ihrer Aktualität und Beliebtheit verloren. Wohl sind zu den verschiedenen Epochen und in den einzelnen Kulturkreisen jeweils andere Sticktechniken bevorzugt worden, beispielsweise in der byzantinischen Zeit die Goldstickerei, in der Gotik dagegen die Nadelmalerei, in England und Frankreich die Loch- und Hochstickerei, in südlichen Ländern eher die Kreuzsticharbeit. Es blieb aber über Zeit und Raum bis heute die Freude der Menschen am Sticken und an den künstlerischen Ausdrucksmöglichkeiten erhalten, die bei dieser Handarbeitstechnik so vielseitig sind wie bei kaum einer anderen.

Dem schöpferischen Gestalten und der Phantasie sind keine Grenzen gesetzt, gleich, ob es sich um eine einfache Borte für ein Kleidungsstück oder um ein kunstvolles Stickgemälde handelt, gleich, ob nur eine Farbe oder eine ganze Reihe von Farben als Stickgarn verwendet wird.

Diese vielseitigen Gestaltungsmöglichkeiten sind vielleicht ein Grund dafür, warum das Sticken heutzutage wieder mehr und mehr in Mode kommt. Zudem bewährt es sich als ausgesprochen entspannendes Hobby, bei dem der termingehetzte Mensch unserer Tage ausnahmsweise einmal nicht unter Zeit- oder Leistungsdruck steht und ganz ungezwungen seine persönlichen Vorstellungen und Einfälle verwirklichen kann. Es kommt nicht darauf an, ob eine Decke schon morgen oder erst in einem Jahr fertig wird, entscheidend ist die Freude an der Tätigkeit selbst, am Entwurf des Musters, an der Zusammenstellung der Farben, an der eigenen Geschicklichkeit, durch die das Muster unter den Händen Gestalt annimmt. Jederzeit kann auch die Arbeit weggelegt werden, ohne daß etwas daran kaputtgeht; jederzeit kann sie wieder zur Hand genommen und ohne Schwierigkeiten fortgeführt werden. Man muß auch nicht unbedingt komplizierte Techniken erlernen. Ganz einfache Stiche, wie der Webstich, reichen aus, um große Wirkungen zu erzielen und dadurch Spaß an der Stickerei zu gewinnen.

Mit diesem Buch möchte ich Ihnen Anregungen und Anleitungen für verschiedenste Sticktechniken geben. Es gelingt natürlich nicht, alle Sticharten oder -techniken in einem einzigen Taschenbuch zu erfassen; dazu ist das Gebiet zu umfangreich. Ich habe mich auf einige wichtige und heute beliebte Techniken beschränkt, wobei ich aber verschiedene besonders schöne – wie beispielsweise die Assisistickerei, die Holbeintechnik oder die Hardangerstickarbeit – mitaufgenommen habe. Noch aus einem anderen Grund wäre es eine Illusion, alle irgendwo bekannten Stiche bringen zu wollen. Jeden Tag können neue erfunden werden, vielleicht sogar von Ihnen, wenn Sie Ihrer Phantasie freien Lauf lassen. Neue Stichvariationen, eigenständige Borten und Muster zu entwickeln, – das macht das Sticken zu einem so faszinierenden Hobby.

Und nun viel Spaß! *Autorin und Verlag*

Kleine Stichlehre

Hier sind die wichtigsten und die in unserer heutigen Zeit am meisten angewendeten Stiche vorgestellt:

Der Vorstich

Es handelt sich um einen einfachen Grundstich, der auch von einer ungeübten Stickerin ohne Schwierigkeiten ausgeführt werden kann und der sich in Verbindung mit anderen Stichen zu schönen Borten zusammenstellen läßt (siehe Abb. 1 und 2).

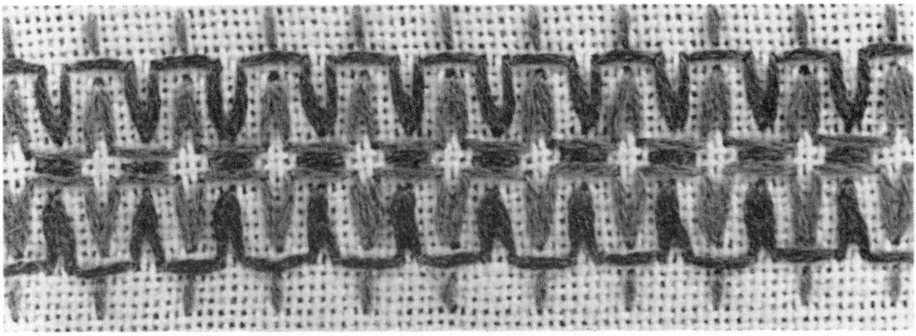

Abb. 1

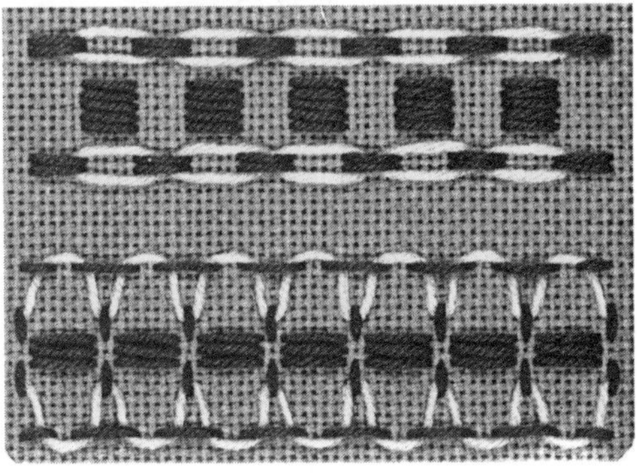

Abb. 2

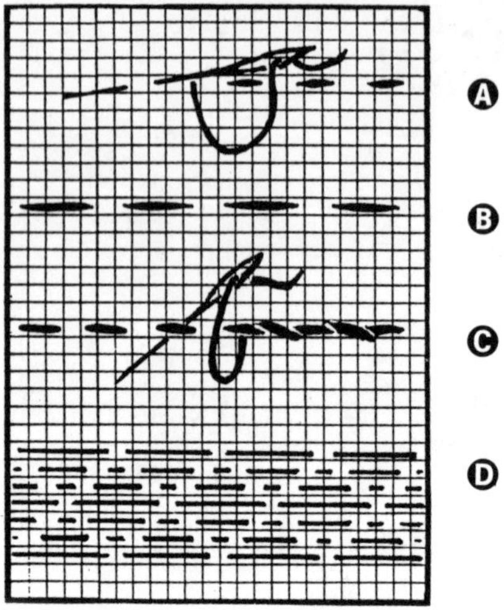

A EINFACHER VORSTICH

Arbeitsweise von rechts nach links, dabei jeweils die gleiche Anzahl von senkrechten Gewebefäden übergehen und auffassen.

B REIHSTICH

Arbeitsweise von rechts nach links, dabei die doppelte Anzahl von senkrechten Gewebefäden übergehen wie auffassen.

C UMSCHLUNGENER VORSTICH

Arbeitsweise wie beim Vorstich. In einem zweiten Arbeitsgang werden die Stiche der vorausgegangenen Reihe jeweils von oben nach unten mit einem neuen Faden aufgefaßt.

D WEBSTICH

Arbeitsweise von rechts nach links. Nach einem Zählschema werden dem Muster entsprechend senkrechte Fäden aufgefaßt oder übergangen. Wir arbeiten immer parallel zur Webkante. So entsteht der Eindruck einer gewebten Borte, obwohl wir sie sticken. Als Webstich findet der Vorstich Verwendung für Decken, Läufer, Kissen, Gürtel, Borten und andere Ziergegenstände.

Der Rück- oder Steppstich

Der Steppstich zählt zu den Nähstichen, denn er wird häufig zum Zusammensteppen von zwei Stoffen benützt. Das Musterbild der Nähmaschinennaht entspricht dem Musterbild des Steppstiches, deshalb spricht man auch von der »Steppnaht«. Der Steppstich findet auch in der schmückenden Stickarbeit häufig Anwendung, beispielsweise zur Flächenfüllung oder zur Abgrenzung von Borten.

Ⓐ STEPPSTICH

Arbeitsweise von rechts nach links: Einige (2, 3 oder 4) senkrechte Gewebefäden vom Ausstichpunkt nach rechts übergehen, einstechen, ✻ nach links die doppelte Anzahl senkrechter Gewebefäden (4, 6 oder 8) auffassen, ausstechen, anschließend wieder in den Ausstichpunkt des eben gearbeiteten Stiches zurückstechen, und von ✻ ab wiederholen.

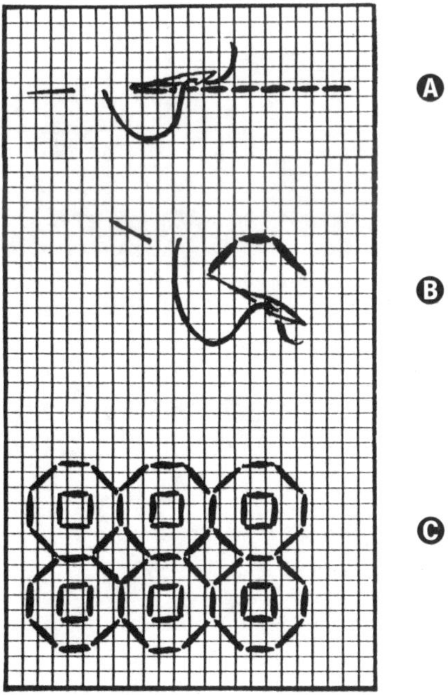

Ⓑ Umschlungener Steppstich

Arbeitsweise wie beim umschlungenen Vorstich, wobei mit einem zweiten Faden in einem neuen Arbeitsgang die Steppstiche aufgefaßt, also umschlungen werden.

Ⓒ STEPPSTICH ZUR FLÄCHENFÜLLUNG

Hier wird der Stich in verschiedene Richtungen, das heißt gerade oder schräg, gearbeitet, meist auch in zwei oder mehr Arbeitsgängen.

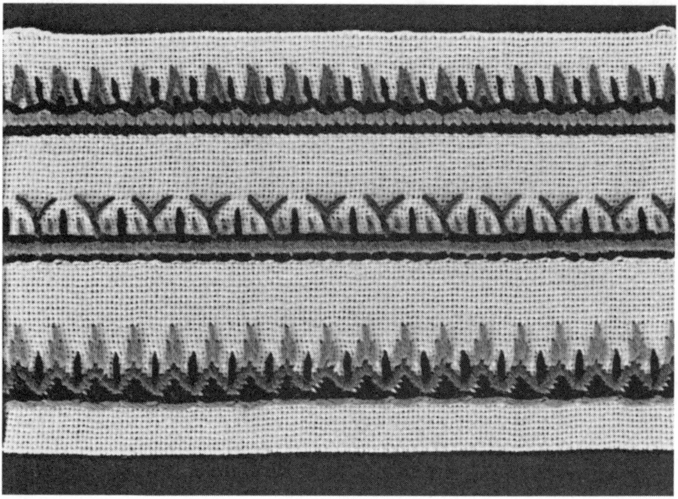

Abb. 3: *Kanten mit Steppstichen und Spannstichen*

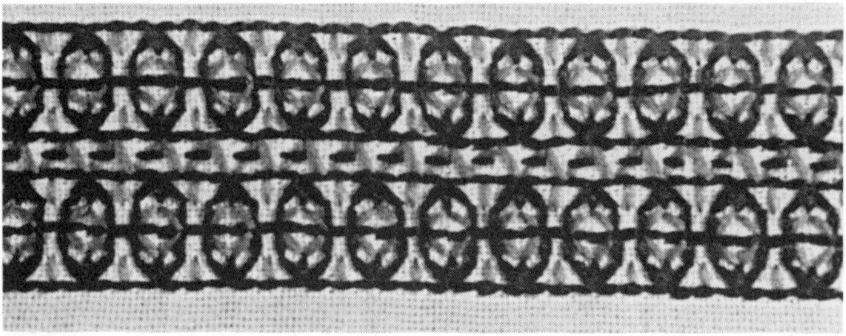

Abb. 4: *Borte mit Steppstich als Flächenfüllung*

Der Stielstich

Abb. 5: *Deckchen mit Stielstich*

Der Stielstich zählt zu den besonders beliebten Stickstichen und wird häufig zum Sticken von Linien, zur Umrandung von Mustern oder auch mit sehr eng aneinandergearbeiteten Stichen zur Flächenfüllung angewendet.

Ⓐ DER EINFACHE STIELSTICH

Arbeitsweise von links nach rechts: Ausstechen, senkrechte Gewebefäden nach rechts übergehen (Zahl muß durch 2 teilbar sein, beispielsweise 4, 6 oder 8 Fäden), einstechen, die Hälfte der übergangenen Fäden nach links auffassen (2, 3 oder 4), dabei den Faden nach unten legen, ausstechen. Man kann den Arbeitsfaden beim Stielstich auch nach oben legen, muß aber bei der einmal gewählten Entscheidung bleiben und darf nicht willkürlich den Faden zum Beispiel zweimal nach oben, dreimal nach unten legen, sonst ergibt sich kein schönes Musterbild. Auf der Rückseite der Arbeit entsteht der Steppstich.
Stickt man den Stielstich gegen die Stickfadendrehung, so erhält man ein etwas anderes Musterbild, eine schnurartig gedrehte Linie.

B VERSETZTER STIELSTICH ODER KRAUSER (LINKER) MASCHENSTICH

Arbeitsweise von links nach rechts. Hier wird der Faden im Wechsel einmal nach oben, dann nach unten, usw. gelegt.

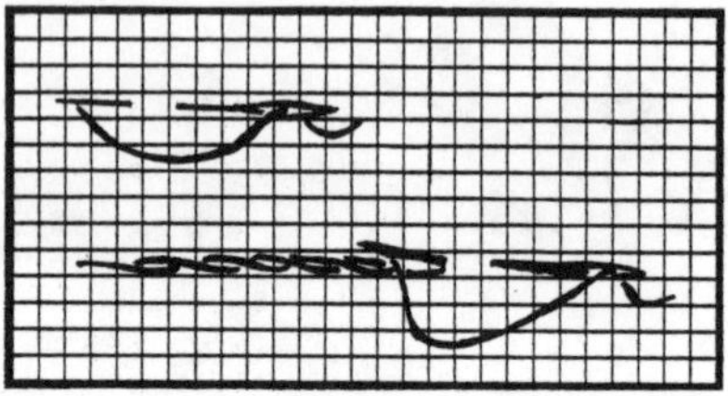

A

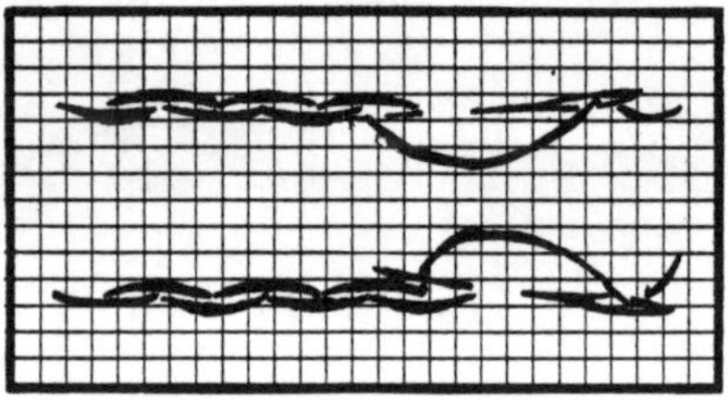

B

Der Spann-, Flach- oder Plattstich

Dieser Stich, der die Fäden des Gewebes »überspannt«, wird häufig in Verbindung mit anderen Sticharten zur Gestaltung von Borten angewendet, beispielsweise mit dem Kreuzstich, dem Hexenstich, dem Zackenstich oder dem Stielstich. Er kann waagrecht, senkrecht, diagonal oder stufenförmig gestickt werden. Bei der Hardangerstickerei wird er besonders fest angezogen und als »Wickelstich« ausgeführt. Als Plattstich wird er gegengleich zum Flachstich gestickt, ist nicht mehr fadengebunden, sondern dem Muster angepaßt, wobei er als Füllstich genutzt wird. Besonders in der Nadelmalerei (siehe Seite 123 f.) ist der Plattstich gebräuchlich.

A SENKRECHTER FLACHSTICH

Arbeitsweise von rechts nach links: Ausstechen, waagrechte Gewebeflächen von unten nach oben übergehen, einstechen, waagrechte Gewebefäden und einen senkrechten Gewebefaden nach links auffassen, durchziehen.

A

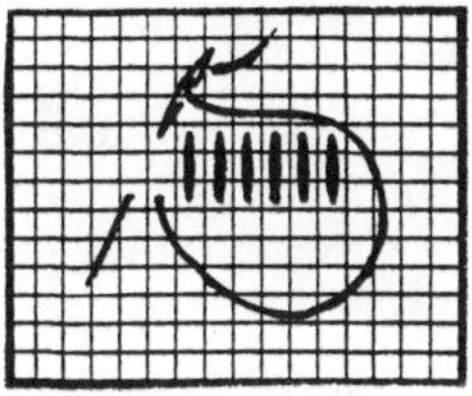

B SCHRÄGER FLACHSTICH

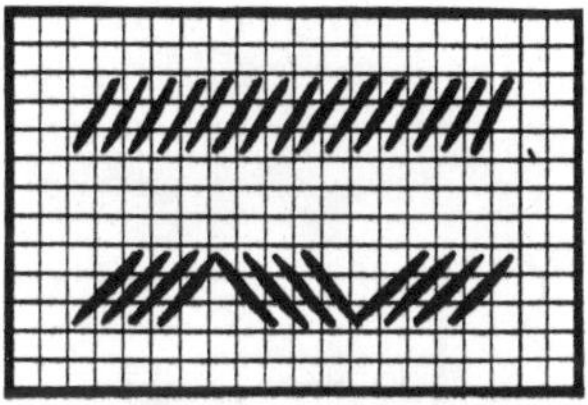

C VERSETZTER FLACHSTICH

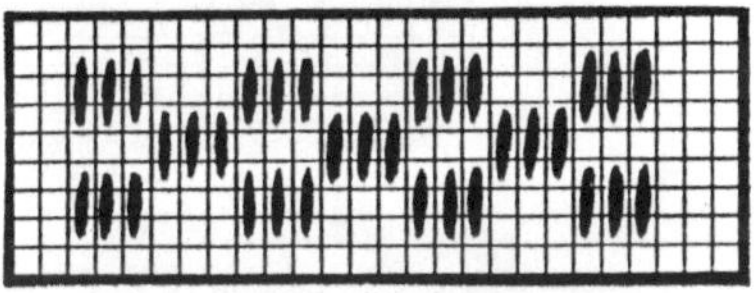

D VERSCHIEDEN HOHER FLACHSTICH

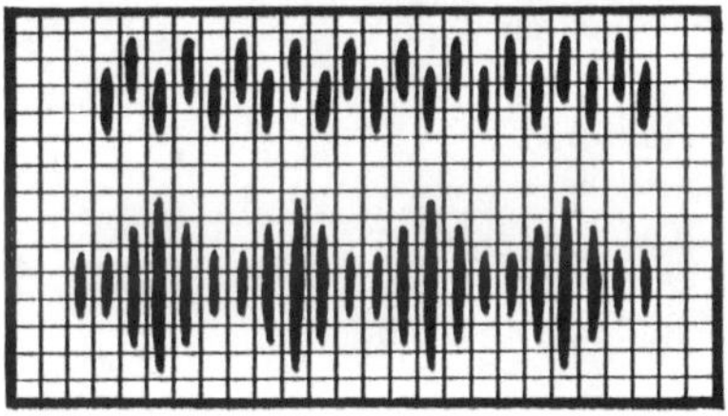

Der Büschelstich

Arbeitsweise in zwei Arbeitsgängen: Zuerst wird eine Reihe *Flachstiche* gestickt. Anschließend fassen wir jeweils mehrere von ihnen mit einem waagrechten Flachstich zusammen.

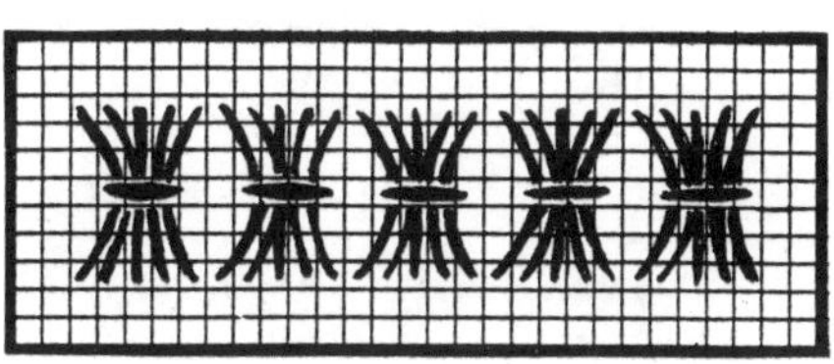

Der Sternstich

Dieser Stich kann auf zwei verschiedene Arten ausgeführt werden. Beim »einseitigen Sternstich« entsteht das typische Musterbild des Sternes nur auf der Vorderseite des Gewebes, beim »gleichseitigen Sternstich« auch auf der Rückseite.

Ⓐ EINSEITIGER STERNSTICH

Arbeitsweise von links nach rechts. Es wird ein Kreuzstich gestickt (siehe Seite 32 f.), der anschließend durch einen senkrechten Stich von unten nach oben und durch einen waagrechten von links nach rechts überspannt wird.

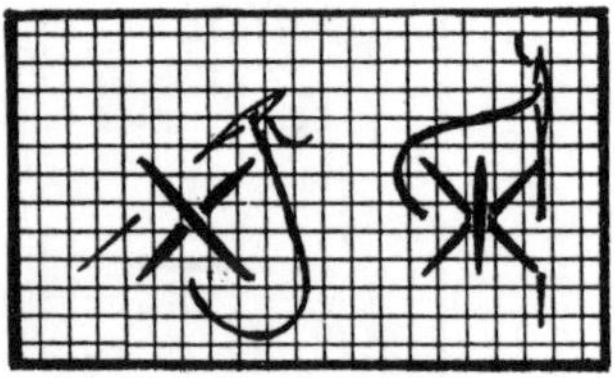

Ⓐ

Ⓑ GLEICHSEITIGER STERNSTICH

Arbeitsrichtung von oben nach unten. Wir sticken in zwei Reihen.

1. Reihe:

1. Stich: 4 waagrechte Gewebefäden nach abwärts übergehen, einstechen, 4 Fadenkreuze nach links oben auffassen, ausstechen, durchziehen.

2. Stich: Im ersten Einstichpunkt einstechen, 4 senkrechte Gewebefäden nach links auffassen, ausstechen, durchziehen.

3. Stich: Im ersten Einstichpunkt einstechen, 4 Fadenkreuze nach links unten auffassen, ausstechen, durchziehen.

4. Stich: Im ersten Einstichpunkt einstechen, 4 waagrechte Fäden nach abwärts auffassen, ausstechen, durchziehen.
Den 1. mit 4. Stich wiederholen wir laufend. Am Ende der Reihe wird die Arbeit gestürzt.

2. Reihe:

Der *5. Stich* ist wie der 1. Stich, der *6. Stich* entspricht dem 2. Stich usw. Der 5. mit 8. Stich werden laufend wiederholt.

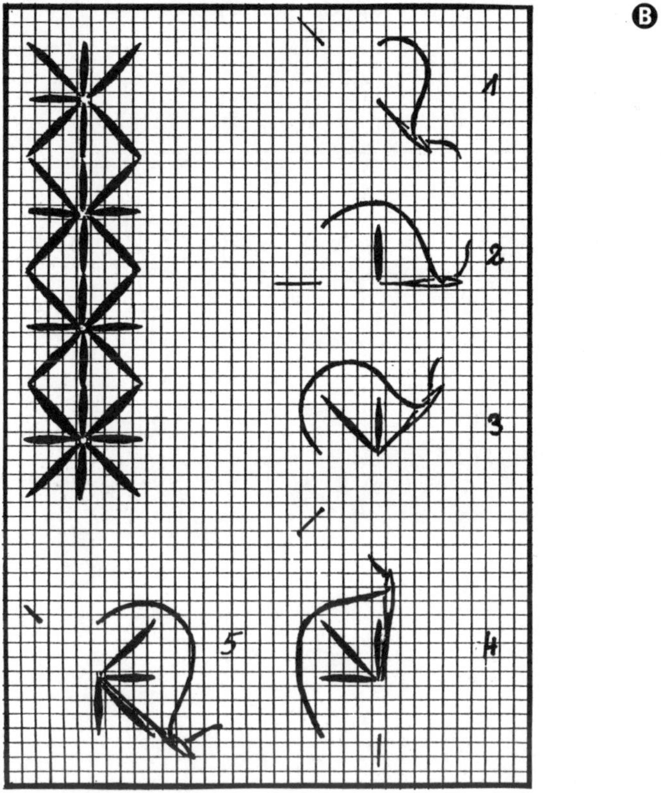

Arbeitsweise beim gleichseitigen Sternstich

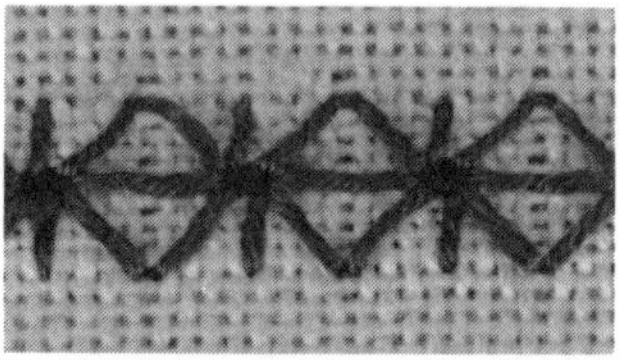

Abb. 6:
Sternstich gleichseitig, Vorderseite

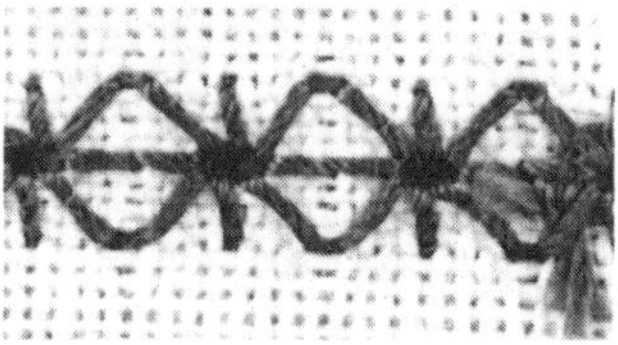

Abb. 7:
Sternstich gleichseitig, Rückseite

Ⓒ ABGEWANDELTER STERNSTICH

Die ***Arbeitsweise*** gleicht der beim Sternstich, allerdings werden statt 4 nur 2 Fadenkreuze bei den schrägen Stichen aufgefaßt und übergangen.

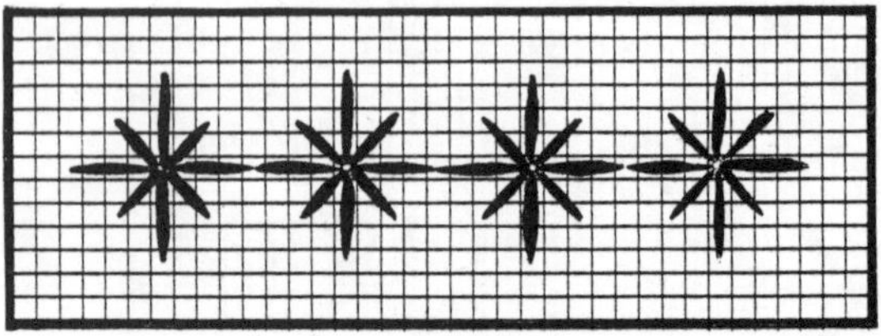

Ⓒ

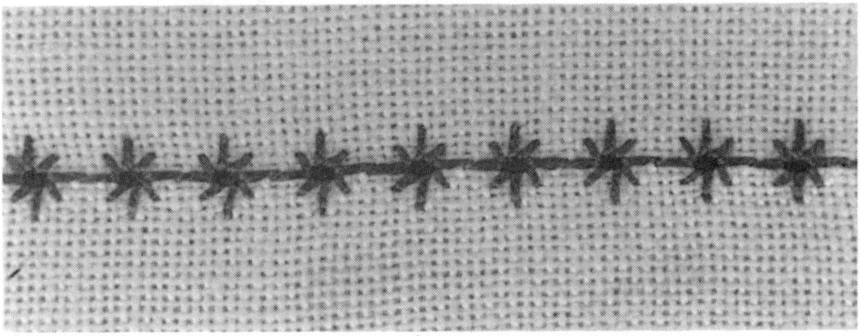

Abb. 8: *Abgewandelter Sternstich, gleichseitig*

Der Maschen- oder Zickzackstich

Dieser Stich bewährt sich bei verschiedenen Stickborten oder auch als Randbefestigung. Besonders geeignet ist er zum Besticken von Stricksachen (wegen der Ähnlichkeit mit dem Maschenbild; daher der Name »Maschenstich«). Das aufgestickte Muster wirkt dann wie eingestrickt. Mit diesem Stich können auch zwei Strickstücke so miteinander verbunden werden, daß die Nahtstelle nicht mehr erkennbar ist. Darum findet er auch Anwendung beim Ausbessern von Stricksachen.

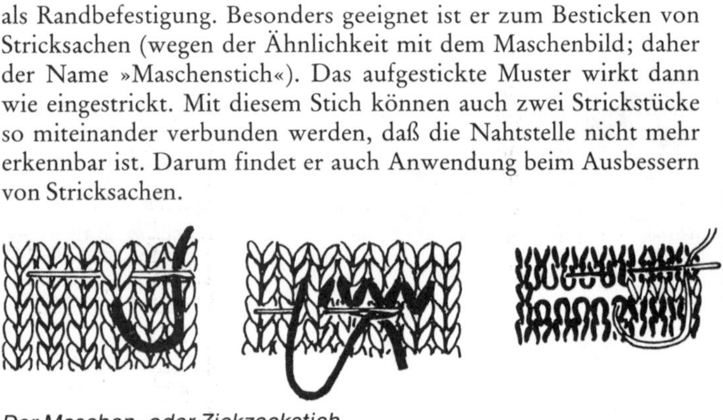

Der Maschen- oder Zickzackstich

Ⓐ MASCHENSTICH ODER ZICKZACKSTICH, EINREIHIG

Arbeitsweise von rechts nach links:
1. Stich: Ausstechen, gewünschte Fadenzahl für die Größe des Stiches nach rechts und nach oben übergehen, einstechen, doppelte Fadenzahl nach links auffassen, ausstechen, durchziehen.
2. Stich: In den Ausstichpunkt unten einstechen, doppelte Fadenzahl nach links auffassen, ausstechen, durchziehen.

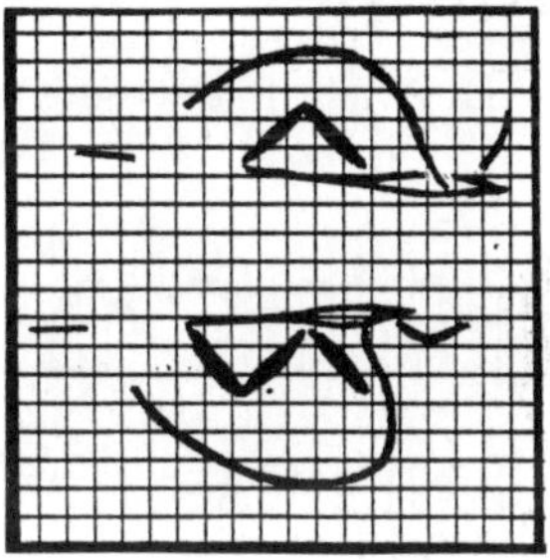

Ⓐ

Die Rückseite ergibt zwei waagrechte Stichreihen, die Vorderseite das Zackenbild.

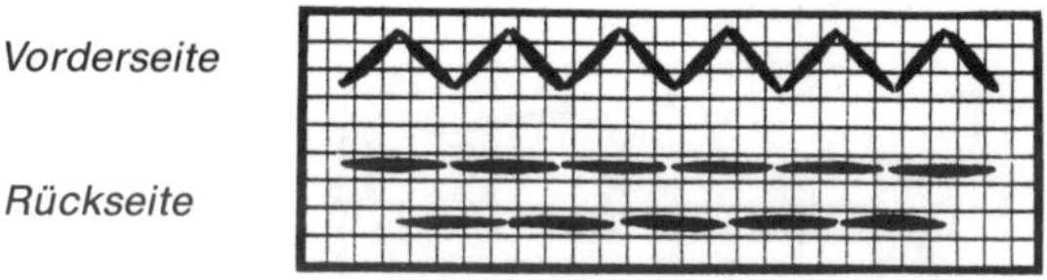

Ⓐ

Ⓑ ZICKZACKSTICH, ZWEIREIHIG

Arbeitsweise von oben nach unten:
1. Stichreihe: Ausstechen, ✻ gewünschte Fadenzahl für die Größe des Stiches nach rechts unten übergehen, einstechen, gleiche Fadenzahl nach links unten auffassen, ausstechen, durchziehen. Von ✻ ab wiederholen.

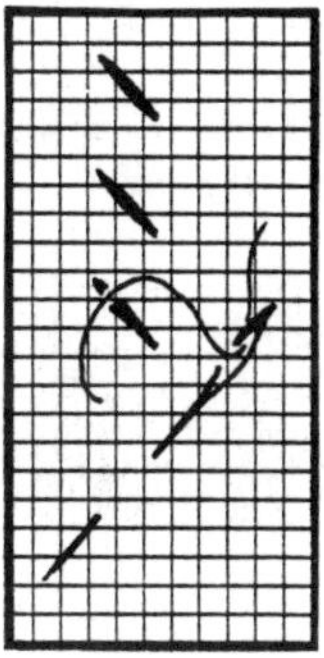

Ⓑ

2. *Stichreihe:* Arbeit so drehen, daß die Stichreihe waagrecht liegt. Nun Arbeitsrichtung von rechts nach links. Die Stiche der ersten Reihe jeweils von oben nach links unten auffassen, ausstechen, durchziehen.

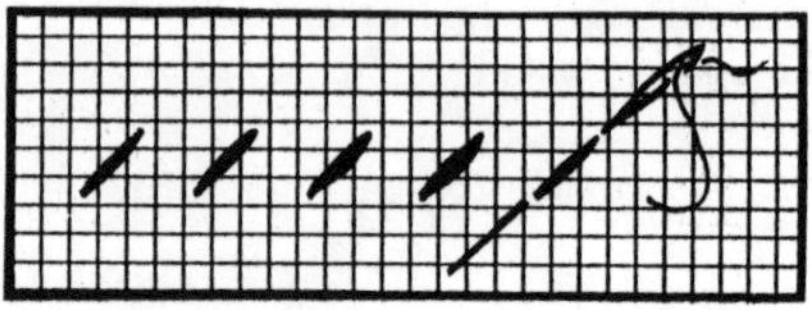

B

Die Rückseite ergibt das gleiche Bild wie die Vorderseite. Der Stich ist als Randbefestigung geeignet.

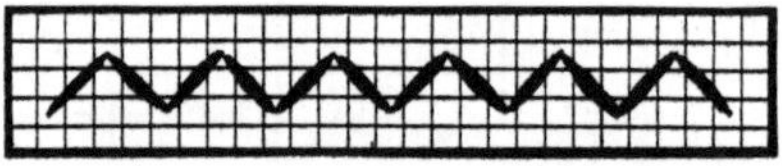

B

C GESCHLOSSENER MASCHENSTICH

Arbeitsweise von rechts nach links, genau wie beim Maschenstich, doch jeden Stich zweimal, das heißt die gleichen Fäden, die beim ersten Stich aufgefaßt wurden, nochmal auffassen, so daß über und unter der Zackenreihe ein steppstichartiger Stich entsteht.

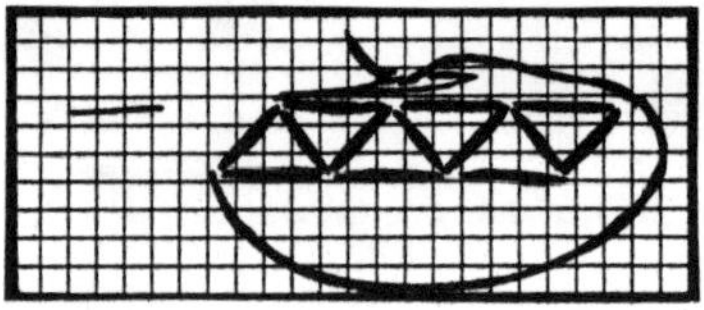

C

D ZICKZACK-VARIATIONEN

Mehrere Reihen knapp übereinander oder gegeneinander ausführen.

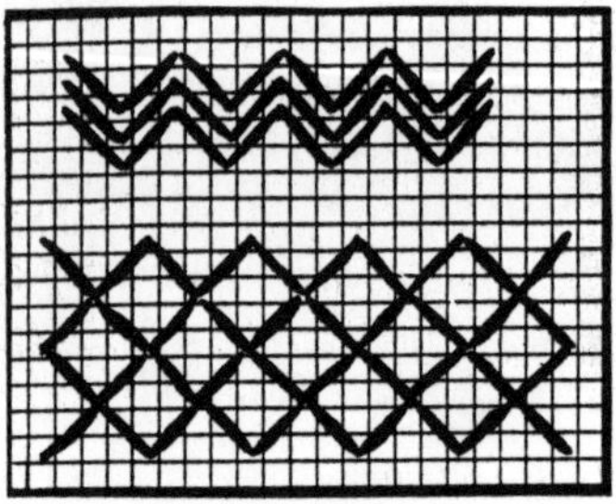

D

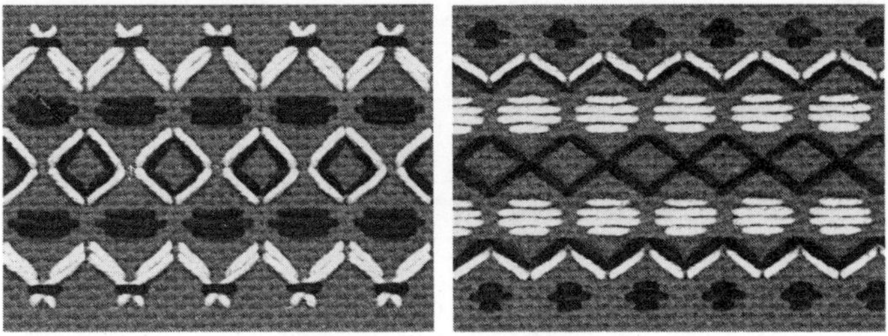

Abb. 9 und 10: *Zickzackborten (MEZ ⚓-Muster)*

Der Hexenstich

Der Hexenstich, auch *Flanellstich* genannt, wird häufig für Zierstichstickereien eingesetzt. Er eignet sich auch zum Zusammenfügen von zwei Stoffteilen, wobei eine lochsaumartige Verzierung entsteht. Daneben findet er in der Smokarbeit beim Nähen und Verzieren der Fältchen Anwendung. Als Variationen des Hexenstiches wären der Orientalische Flechtstich oder Zwyfelstrickstich zu nennen, deren etwas schwierige Arbeitsweise ich hier aber nicht beschreibe, da sie den Rahmen dieses Bandes sprengen würde.

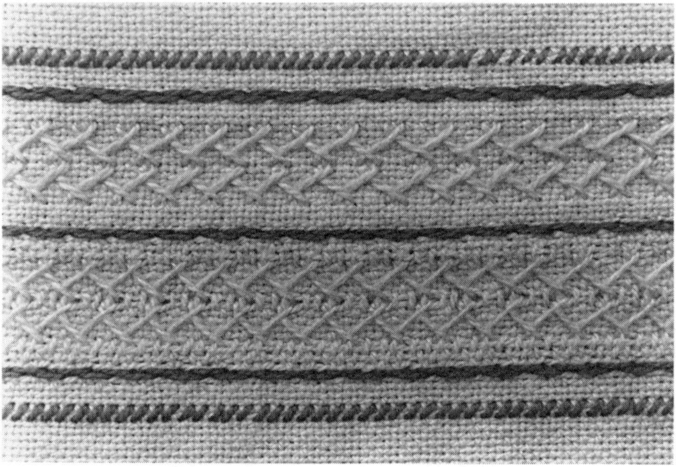

Abb. 11: *Borte mit Hexenstichen*

Ⓐ EINFACHER HEXENSTICH

Arbeitsweise von links nach rechts, hier über 4 Fäden Höhe (kann beliebig variiert werden):

1. Stich: 2 Fadenkreuze nach rechts oben übergehen, einstechen, 2 senkrechte Fäden nach links auffassen, ausstechen, Faden durchziehen.

2. Stich: 4 Fadenkreuze nach rechts unten übergehen, einstechen, 2 senkrechte Fäden nach links auffassen, ausstechen, Faden durchziehen.

3. Stich: 4 Fadenkreuze nach rechts oben übergehen, einstechen, 2 senkrechte Fäden nach links auffassen, ausstechen, Faden durchziehen.

Der 2. und 3. Stich werden fortlaufend wiederholt.

Letzter Stich: Hier wird das Kreuzchen wie beim 1. Stich nur halb gearbeitet, also über 2 Fäden.

Auf der Rückseite der Stickerei entstehen 2 parallel verlaufende waagrechte Stichreihen mit Abständen zwischen den Stichen.

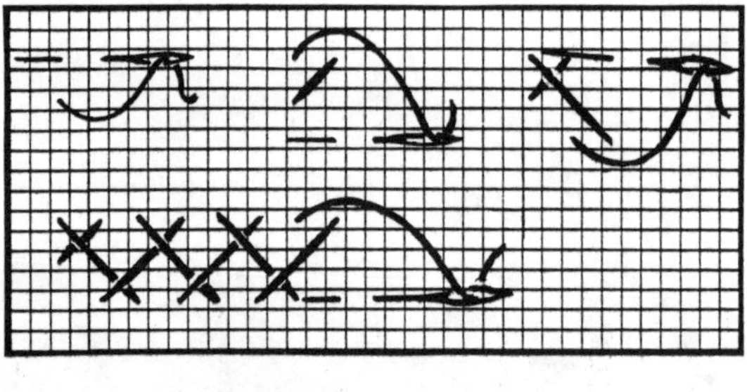

Ⓐ

Ⓑ KREUZNAHTSTICH

Er wird wie der Hexenstich gearbeitet; allerdings setzen wir die waagrechten Stiche unmittelbar aneinander, das heißt ohne Zwischenraum, wie es die Abbildung 12 auf Seite 24 zeigt.
Auf der Rückseite ergeben sich zwei parallel verlaufende waagrechte Steppstichreihen.

Ⓒ UMSCHLUNGENER HEXENSTICH

Eine Hexenstichreihe arbeiten, dann:

1. Stich: Beim ersten Kreuz ausstechen, das Kreuz oben nach rechts übergehen, den schiefen Stich von oben nach unten auffassen, Faden durchziehen.

2. Stich: Das Kreuz unten nach rechts übergehen, den schiefen Stich von unten nach oben auffassen, Faden durchziehen.

Der 1. und 2. Stich werden fortlaufend wiederholt.

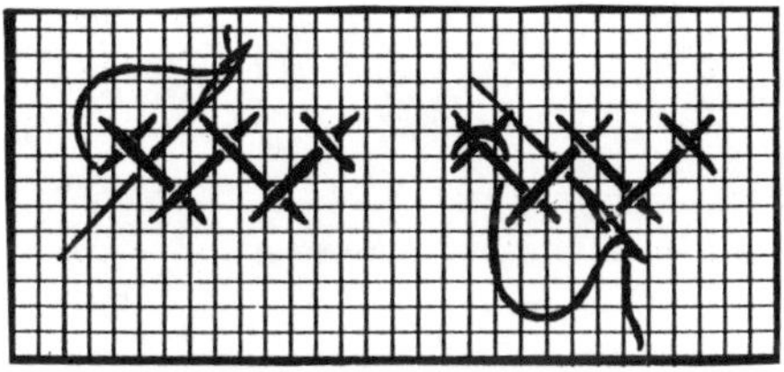

©

©

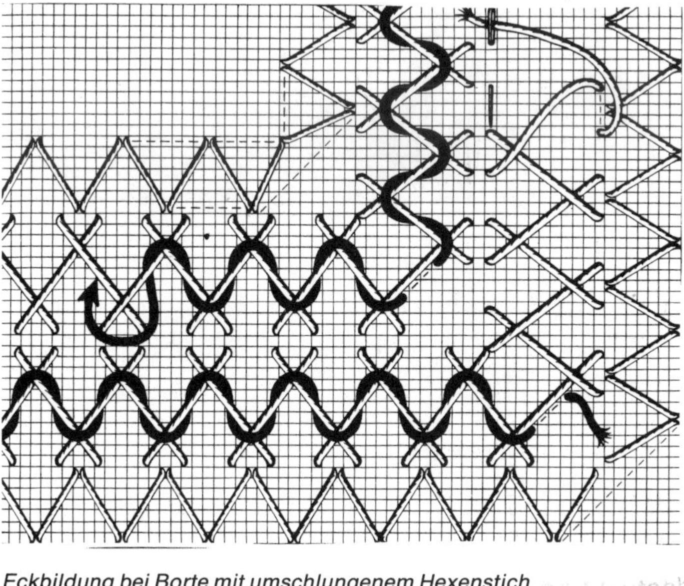

Eckbildung bei Borte mit umschlungenem Hexenstich

Kreuznahtstich

Einfacher Hexenstich

Zwei Reihen Hexenstich verschiedener Größe, ineinandergearbeitet

Abb. 12

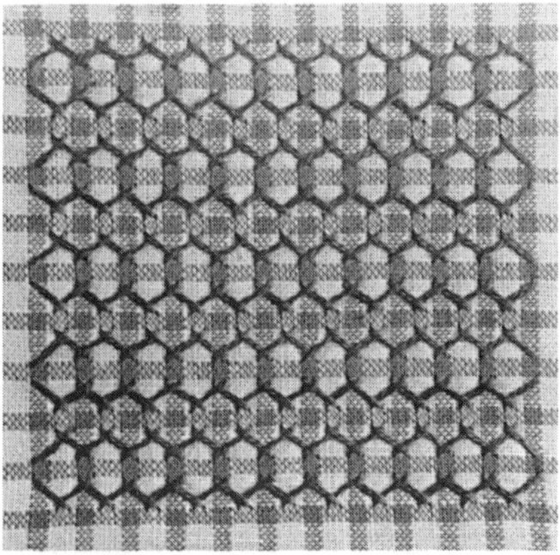

Abb. 13: Hexenstiche als Stoffmusterveränderung

Der Kettenstich

Der Kettenstich gehört zu den sehr dekorativen Stickstichen, die mehrfach abgewandelt und mit anderen Stichen zu schönen Borten zusammengestellt werden können.

Ⓐ EINFACHER KETTENSTICH, GESCHLOSSEN

Arbeitsweise von oben nach unten:
Im Ausstichpunkt von rückwärts nach vorne ausstechen, nach abwärts von links nach rechts eine Schlinge legen, im Ausstichpunkt

erneut einstechen, gewünschte Fadenzahl senkrecht nach abwärts auffassen, in der Schlinge ausstechen, Faden *nach abwärts* anziehen.

Ⓐ

Ⓑ KETTENSTICH, EINZELN

Arbeitsweise von links nach rechts:

Im Ausstichpunkt von rückwärts nach vorne ausstechen, nach abwärts von links nach rechts eine Schlinge legen, im Ausstichpunkt erneut einstechen, gewünschte Fadenzahl senkrecht nach abwärts auffassen, in der Schlinge ausstechen, Faden nach abwärts anziehen, einen Faden tiefer nach rückwärts stechen und im gewünschten Abstand nach rechts zum nächsten Stich wieder ausstechen.

Abb. 14: *Kettenstich, einzeln*

Ⓒ MARGERITENSTICH

Arbeitsweise wie beim Kettenstich einzeln, wobei die einzelnen Kettenglieder im Rund zu einer Blüte angeordnet werden.

Abb. 15: *Margeritenstich*

Ⓓ DURCHZOGENER KABELSTICH

Abwandlung des Kettenstiches; Arbeitsweise von oben nach unten:

1. Stich: Im Ausstichpunkt ausstechen, 12 senkrechte Fäden nach rechts übergehen, einstechen, 6 senkrechte Fäden nach links auffassen, ausstechen, Faden durchziehen.

2. Stich: Im letzten Ausstichpunkt erneut einstechen, Kettenstich arbeiten.

3. Stich: Die Kettenstichschlinge durch einen kleinen senkrechten Stich halten, 6 senkrechte Fäden links von diesem Stich auffassen, ausstechen.

Stich 1 mit 3 fortlaufend wiederholen.

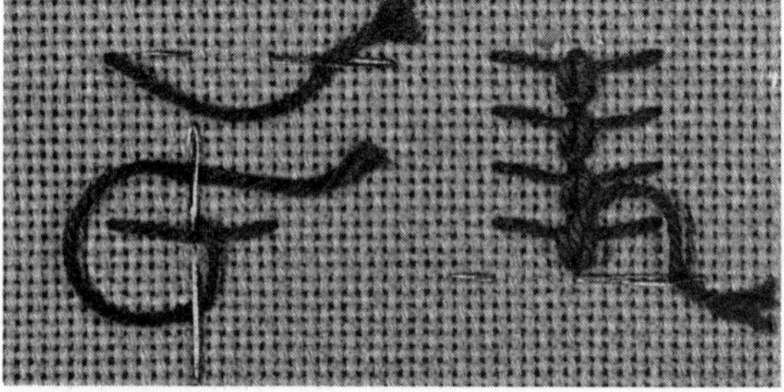

Abb. 16: *Kabelstich, durchzogen*

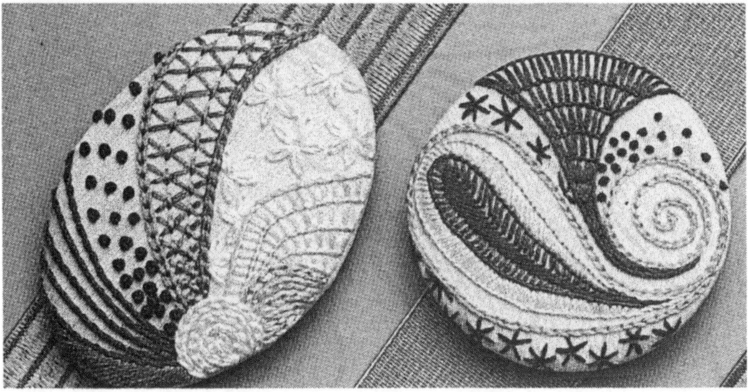

***Abb. 17:** Gürtelschließen, mit Kettenstich bestickt (MEZ ⚓-Muster)*

Der Zackenstich

Dieser Stich heißt auch *Smokstich* und wird vor allem in der Smokstickerei zum Arbeiten und Verzieren der Fältchen verwendet.
Es läßt sich leichter arbeiten, wenn für die obere und die untere Stickreihe jeweils ein Faden aus dem Gewebe gezogen wird.

Arbeitsweise von links nach rechts:

A *1. Stich:* Ausstechen, 4 Fäden nach rechts übergehen, einstechen, 2 Fäden nach links auffassen (dabei muß der Faden unterhalb der Nadel liegen), ausstechen, Faden durchziehen.

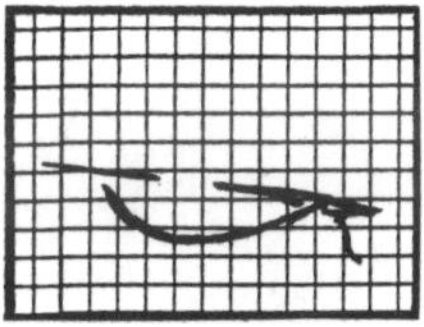

A

B *2. Stich:* Vier Fäden oberhalb des 1. Einstichpunktes einstechen, 2 Fäden nach links auffassen, ausstechen, Faden durchziehen.

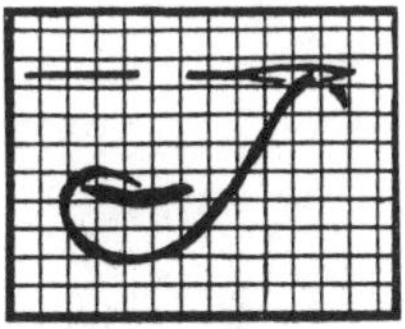

B

C *3. Stich:* 4 Fäden nach rechts übergehen (dabei muß der Faden oberhalb der Nadel liegen), einstechen, 2 Fäden nach links auffassen, ausstechen, Faden durchziehen.

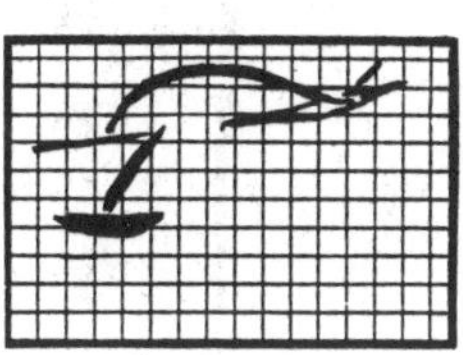

C

D *4. Stich:* Neben dem unteren waagrechten Stich 2 Fäden nach rechts übergehen, einstechen, 2 Fäden nach links auffassen, ausstechen, Faden durchziehen.

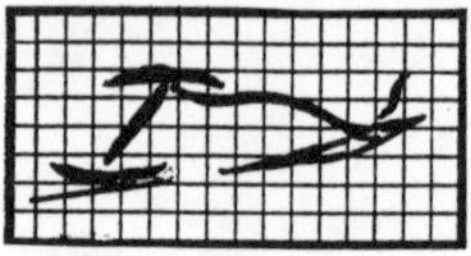

D

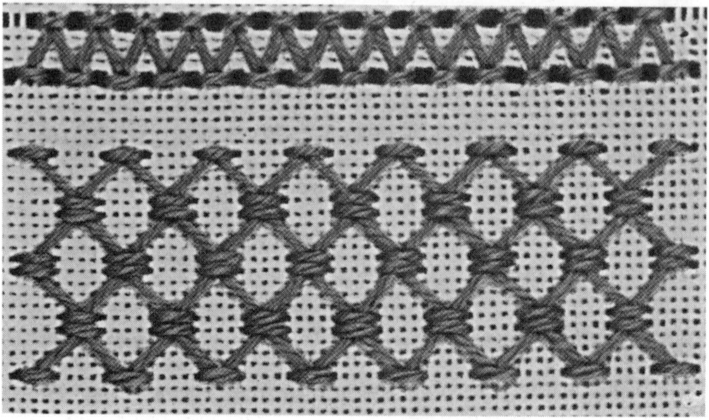

Abb. 18: *Zackenstich und Zackenstich, abgewandelt, mit Zwischenräumen zwischen den einzelnen waagrechten Stichen*

Der Waffelstich

Auch dieser Stich kommt häufig bei der Smokstickerei oder bei Durchbrucharbeiten zum Einsatz.
Zur Erleichterung der Arbeit zieht man für die obere und untere Stichreihe jeweils einen Faden aus dem Gewebe.

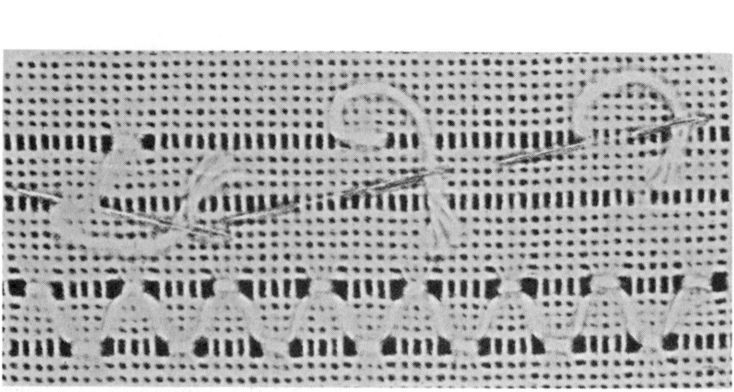

Abb. 19: *Waffelstich*

Arbeitsweise von rechts nach links:

1. Stich: Im oberen gezogenen Faden ausstechen, 4 Fäden nach rechts übergehen, einstechen (Faden liegt oberhalb der Nadel), 4 Fäden nach links auffassen, ausstechen, Faden durchziehen.

2. Stich: Vom letzten Ausstichpunkt 4 Fäden nach unten übergehen, einstechen, 4 Fäden nach links auffassen, ausstechen, Faden durchziehen.

3. Stich: 4 Fäden nach rechts übergehen, einstechen, 4 Fäden nach links auffassen, ausstechen, Faden durchziehen.

4. Stich: Vom letzten Ausstichpunkt 4 Fäden nach oben übergehen, einstechen, 4 Fäden nach links auffassen (Faden liegt oberhalb der Nadel), ausstechen, Faden durchziehen.

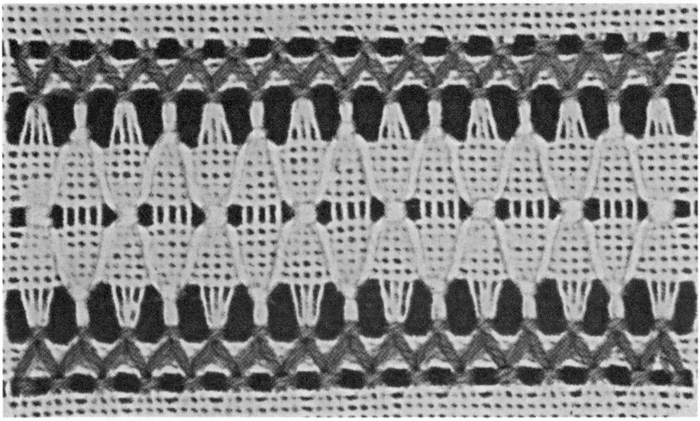

Abb. 20: *Borte mit Zacken und Waffelstich*

Der Zweigstich

Arbeitsweise von oben nach unten:

1. Stich: Ausstechen, eine gerade Anzahl von Gewebefäden nach rechts übergehen, einstechen, in der Mitte dieses waagrechten Stiches ausstechen; der waagrechte Spannfaden liegt unterhalb der Nadel.

2. Stich: 2 Gewebefäden unter dem letzten Ausstichpunkt einstechen, nach links die gleiche Anzahl von Fäden auffassen wie beim oberen Stich, ausstechen, Faden durchziehen.

3. Stich: Eine ganze Stichbreite nach rechts übergehen, einstechen, in der Mitte dieses waagrechten Stiches ausstechen, dabei liegt der waagrechte Spannfaden unter der Nadel.

Dieser Stich kann, wie die Abbildung 21 zeigt, auch in andere Richtungen oder verschieden groß gestickt werden, so daß zweigartige Muster entstehen (Name).

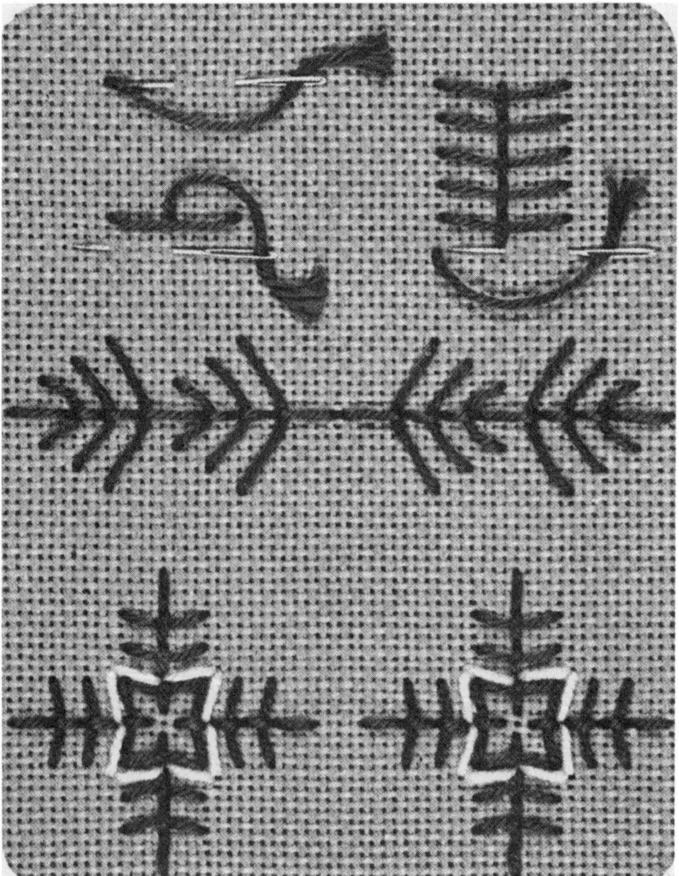

Abb. 21: *Zweigstich*

Der Bäumchenstich

Er wird wegen seines Aussehens auch *Fischgrätenstich* genannt.

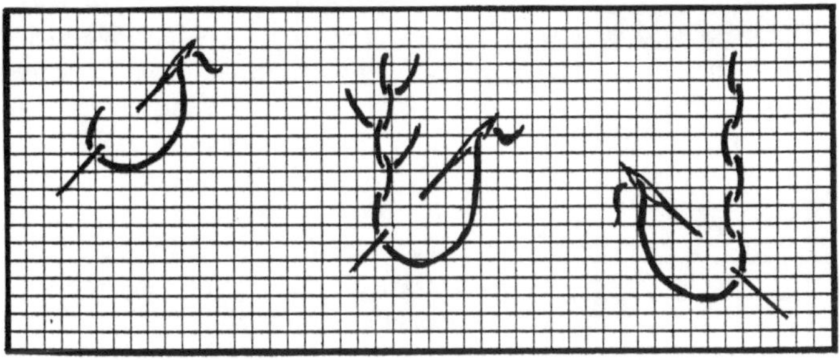

Arbeitsweise von oben nach unten:

1. Stich: Ausstechen, Schlinge von links nach rechts legen, vom Ausstichpunkt 2 Fäden nach rechts übergehen, einstechen, 2 Fadenkreuze nach links unten auffassen, in der Schlinge ausstechen, Faden durchziehen.

2. Stich: Schlinge von rechts nach links legen, vom Ausstichpunkt 2 Fäden nach links übergehen, einstechen, 2 Fadenkreuze nach rechts unten auffassen, in der Schlinge ausstechen, Faden durchziehen.

Merke: Die Nadel steckt immer schief im Stoff; der Faden muß unter der Nadelspitze liegen.

Der Stich kann auf verschiedene Weise abgewandelt werden. Die Borte der Abbildung 22 zeigt den doppelten Fischgrätenstich.

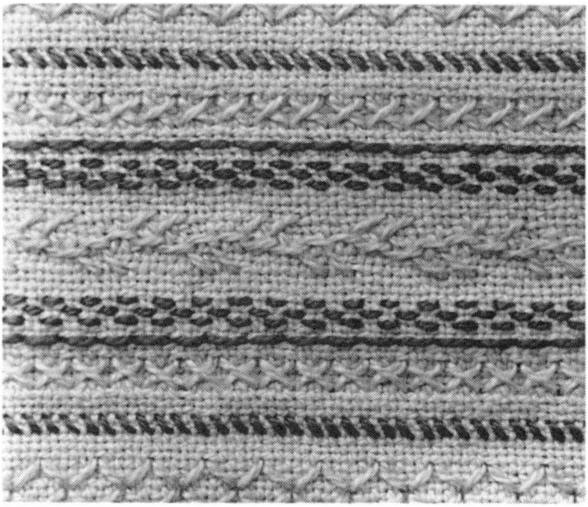

Abb. 22:
Der Bäumchen- oder Fischgrätenstich

Der Kreuzstich

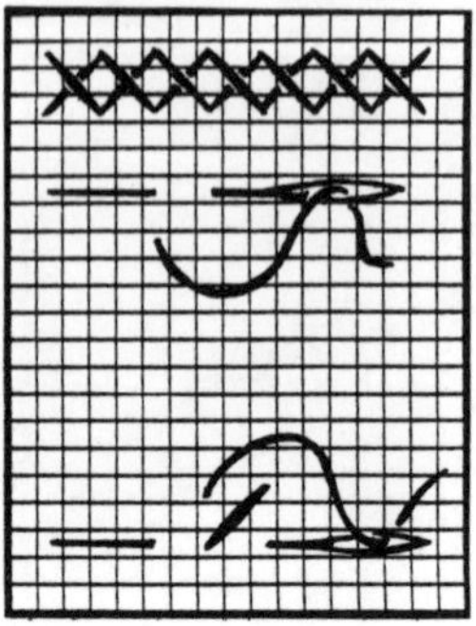

Der Kreuzstich zählt zu den beliebtesten Stickstichen überhaupt; in vielen Teilen der Welt kennt und gebraucht man ihn. Er besteht aus zwei schiefen Stichen, die sich überkreuzen. Der erste Stich, der unter dem anderen liegt, wird »Grundstich« genannt und wird immer von links unten nach rechts oben gearbeitet. Der zweite Stich heißt »Deckstich«, weil er den anderen überdeckt, und wird von links oben nach rechts unten angelegt.

▌ Bei allen Kreuzsticharbeiten achten wir darauf, daß Grund- und Deckstich immer in der richtigen Weise gestickt werden, denn nur dann ergibt sich ein schönes, gleichmäßiges Stickbild.

Ⓐ KREUZSTICH IN WAAGRECHTER REIHE

Arbeitsweise von rechts nach links:

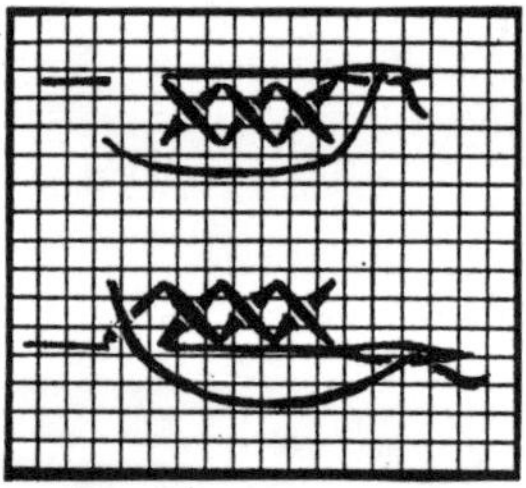

Ⓐ

1. Stich (Grundstich): Ausstechen, 2 Fadenkreuze von links unten nach rechts oben übergehen, einstechen, 2 Fäden nach links auffassen, ausstechen, Faden durchziehen.

2. Stich (Deckstich): 2 Fadenkreuze von links oben nach rechts unten übergehen, einstechen, 4 Fäden von rechts nach links auffassen, ausstechen, Faden durchziehen.

Die Arbeitsanleitung zu diesem Stickbild mit Sommergartenmotiv finden Sie auf Seite 129 f.

Ⓑ KREUZSTICH IN SENKRECHTER REIHE

Er wird auch *Sparstich* gennannt, weil er schneller zu sticken ist, also Zeit spart und weniger Faden braucht, also Material spart.

1. Reihe: ***Arbeitsweise*** von unten nach oben; die ganze Reihe nur Grundstiche arbeiten: Ausstechen, 2 Fadenkreuze von links unten nach rechts oben übergehen, einstechen, 2 Fäden nach links auffassen, ausstechen, Faden durchziehen.

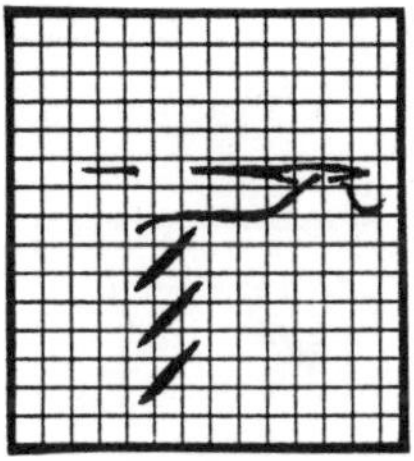

Ⓑ

1. Reihe

2. Reihe: ***Arbeitsweise*** von oben nach unten; die ganze Reihe nur Deckstiche arbeiten: 2 Fadenkreuze von links oben nach rechts unten übergehen, einstechen, 2 Fäden von rechts nach links auffassen, ausstechen, Faden durchziehen.

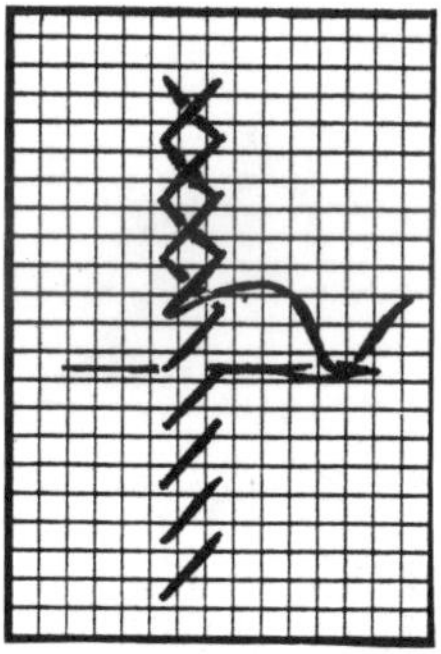

Ⓑ

2. Reihe

Oben: Die Arbeitsanleitung zu diesem Bettüberwurf und Kissen in Hardangerstickerei finden Sie auf Seite 72 f.

Unten: Das alte Kreuzstichmuster »Granatapfel« schmückt diese Vorhänge (Arbeitsanleitung auf Seite 91 f.)

Ⓒ KREUZSTICH IN ZICKZACKREIHEN

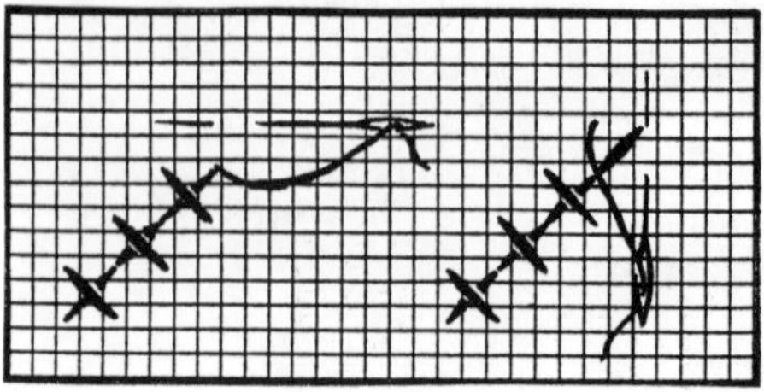

Kreuzstich in schiefer Richtung nach rechts oben

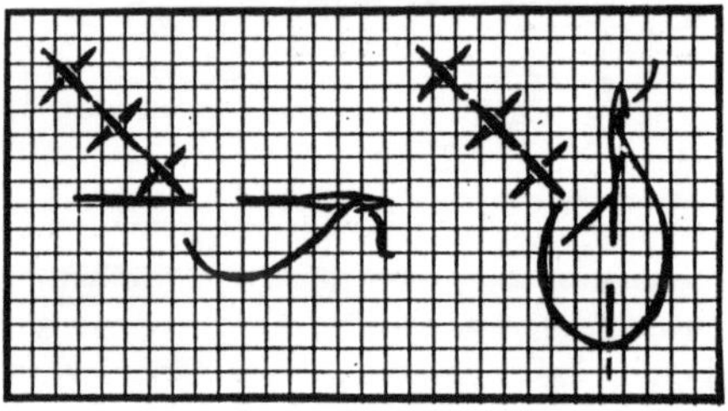

Kreuzstich in schiefer Richtung nach rechts unten

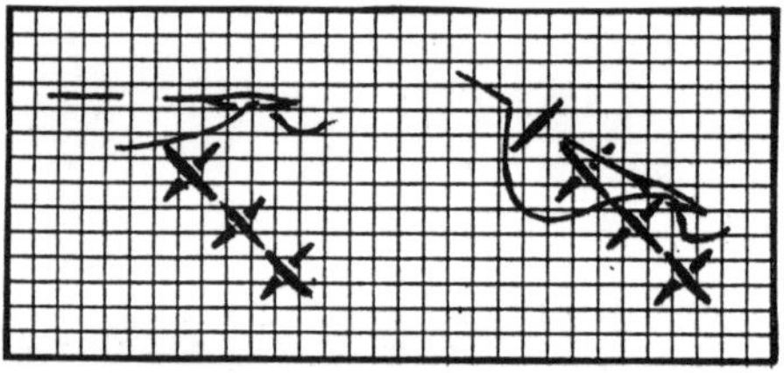

Kreuzstich in schiefer Richtung nach links oben

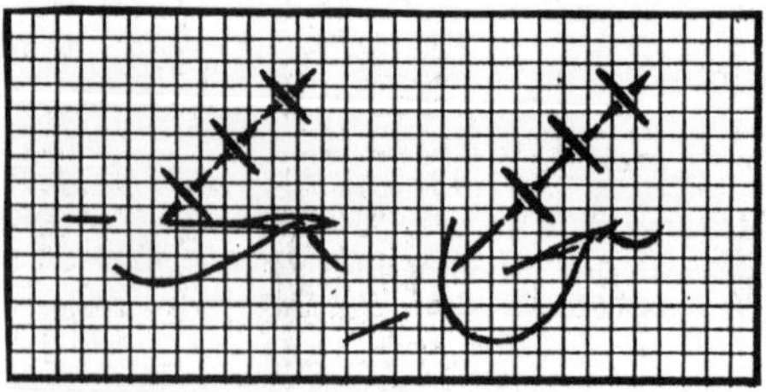

Kreuzstich in schiefer Richtung nach links unten

Der Schling- oder Festonstich

Dieser Stich wird häufig zur Randbefestigung, besonders in der Weißstickerei oder für Nahtverbindungen verwendet.

Ⓐ EINFACHER SCHLINGSTICH

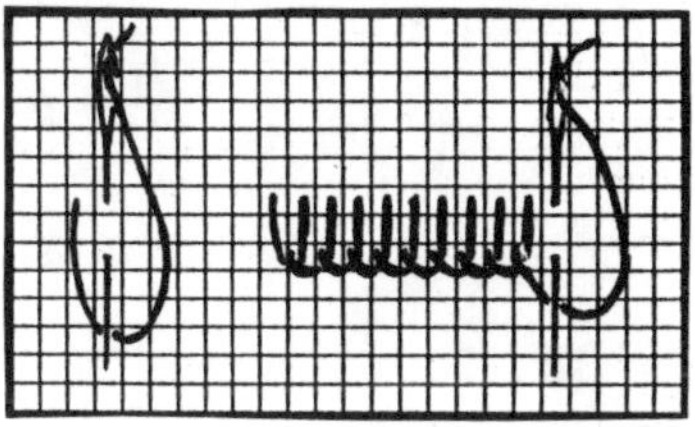

Ⓐ

Arbeitsweise von links nach rechts.
Ausstechen, gewünschte Anzahl von Gewebefäden von oben nach unten senkrecht auffassen, einstechen, dabei Arbeitsfaden unter die Nadelspitze legen, Faden durchziehen. (Dabei nach unten ziehen; beim nächsten Stich unten mit dem Daumen festhalten, dann ergibt es schöne Schlingen.)

Ⓑ DOPPELTER FESTONSTICH

Arbeitsweise von links nach rechts, wie in Abbildung 23 dargestellt.

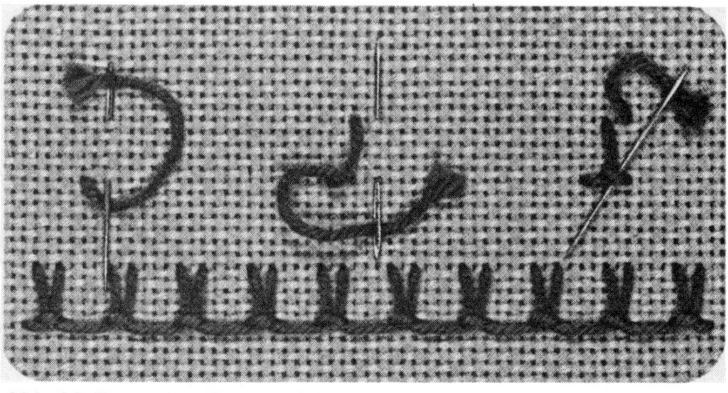

Abb. 23: *Doppelter Festonstich*

Ⓒ GEGENSEITIGER FESTONSTICH

Arbeitsweise von links nach rechts, wie in Abbildung 24 dargestellt.

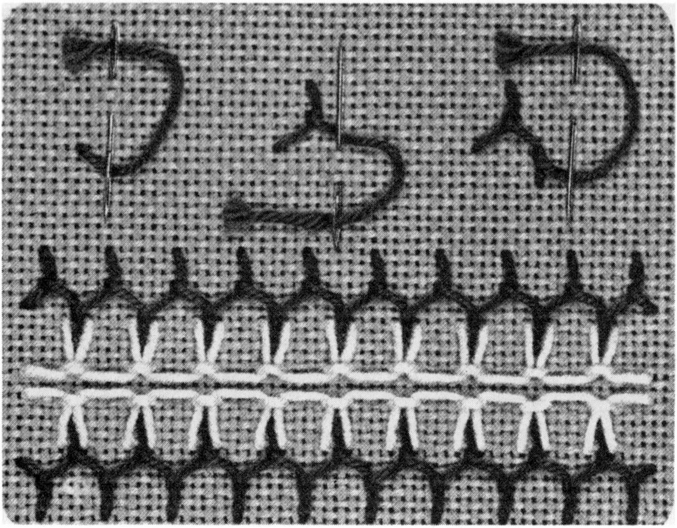

Abb. 24: *Gegenseitiger Festonstich*

Der Makramee- oder Palästrinastich

Der Makramee- oder Palästrinastich wird nach Zählmuster gearbeitet oder aber nach Musterlinien, die auf dem Stoff vorgezeichnet werden.

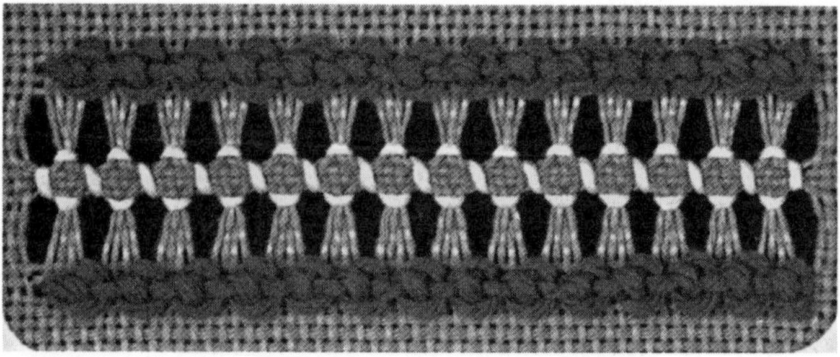

Abb. 25: *Borte in Makrameestich und Kästchenstich*

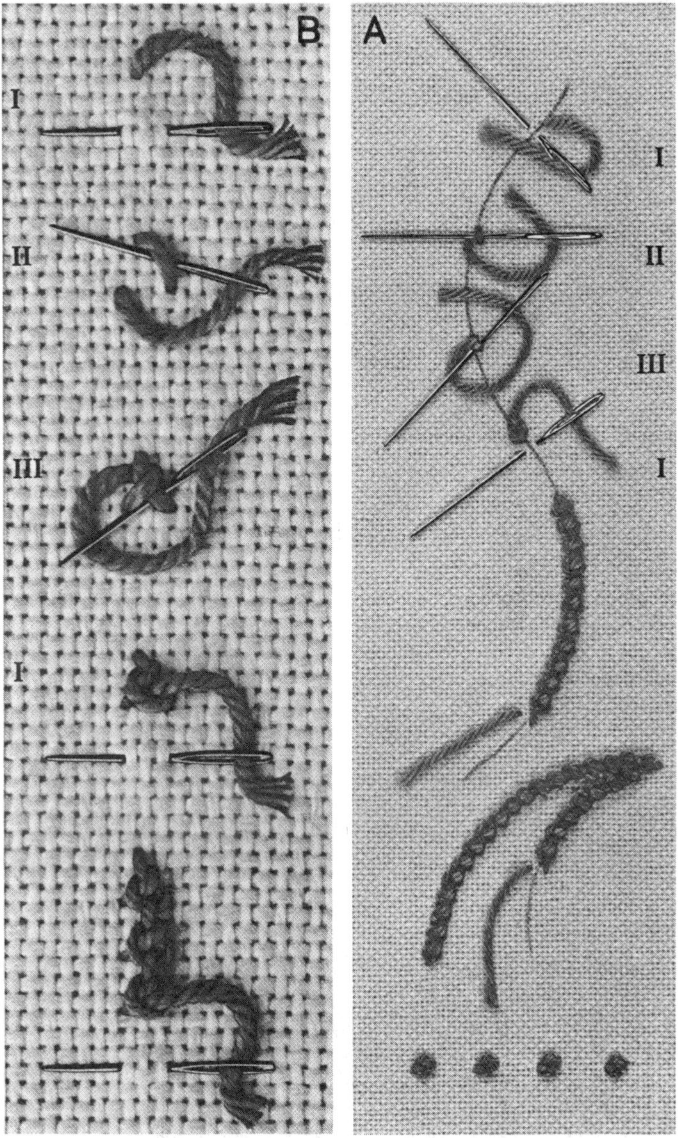

(Arbeitsanleitung zu diesem Schema siehe Seite 38, oben.)

So stickt man den Makrameestich nach Vorzeichnung:

Arbeitsweise von unten nach oben.

1. Schritt: Ausstechen (wenn man mit der Reihe beginnt), Schrägstich nach rechts unten. Links von dieser Einstichstelle in waagrechter Richtung wieder ausstechen (I).

2. Schritt: Der Faden liegt unten. Den Schrägstich von rechts nach links unterfassen, ohne einzustechen. Den Faden nach links oben durchziehen (II).

3. Schritt: Faden erneut nach unten legen. Einen lockeren Schlingstich um den gleichen Schrägstich arbeiten. Dabei nicht fest anziehen und wieder nicht in das Gewebe einstechen (III).

Es folgt der nächste Schrägstrich; die Schritte 1 mit 3 werden fortlaufend wiederholt. Siehe dazu auch die Abbildungen auf Seite 37.

Muster A im Makrameestich

Durchmesser 20 cm für 1 Motiv, geeignet für ein Kissen (siehe Farbtafel, gegenüber S. 64, rechts oben).

Material für 1 Motiv: 1 Strg. MEZ ⚓ **Sticktwist,** Elfenbein 386; 1 Strg. MEZ ⚓ **Mattstickgarn,** Elfenbein 386.
Stoff: Schülertuch »Linda«, Rostfarben.

Die Musterzeichnung zeigt ¼ des Motivs und ist abbildungsgemäß zu ergänzen. Die Kontur wird mit Mattstickgarn im Makrameestich gearbeitet, die Flächen mit Sticktwist im Klosterstich, siehe Seite 41, ausgestickt.

So übertragen Sie das Muster auf Ihren Stoff:
Als erstes pausen Sie die Umrisse der Zeichnung aus dem Taschenbuch ab (äußere Spitzen eigenhändig ergänzen).
Dann können Sie Schneiderkopierpapier verwenden, das Sie in Spezialgeschäften für Mal- und Zeichenbedarf oder in Schnittmusterabteilungen erhalten. Sie legen es mit der beschichteten Seite auf den Stoff, die gepauste Zeichnung obendrauf. Jetzt fahren Sie die Konturen mit einem harten, nicht zu spitzen Bleistift nach.
Eine andere Methode wäre der Bügelmusterstift, der sich allerdings nur für helle Stoffe eignet.

▌**Achtung:** Die dünnen gestrichelten Linien in den originalgroßen Musterzeichnungen sind Hilfslinien für das Vervollständigen des Musters, die Sie nicht durchpausen dürfen.

Die Muster A auf der Seite 38 und B auf Seite 40 werden mit **Mattstickgarn** und **Sticktwist** auf Art. 1235, Schülertuch »Linda«, ausgeführt. Garn und Stoffe sind im Fachhandel oder in Spezialabteilungen der Warenhäuser erhältlich. Bezugsquellennachweis für die Stoffe siehe Seite 4.

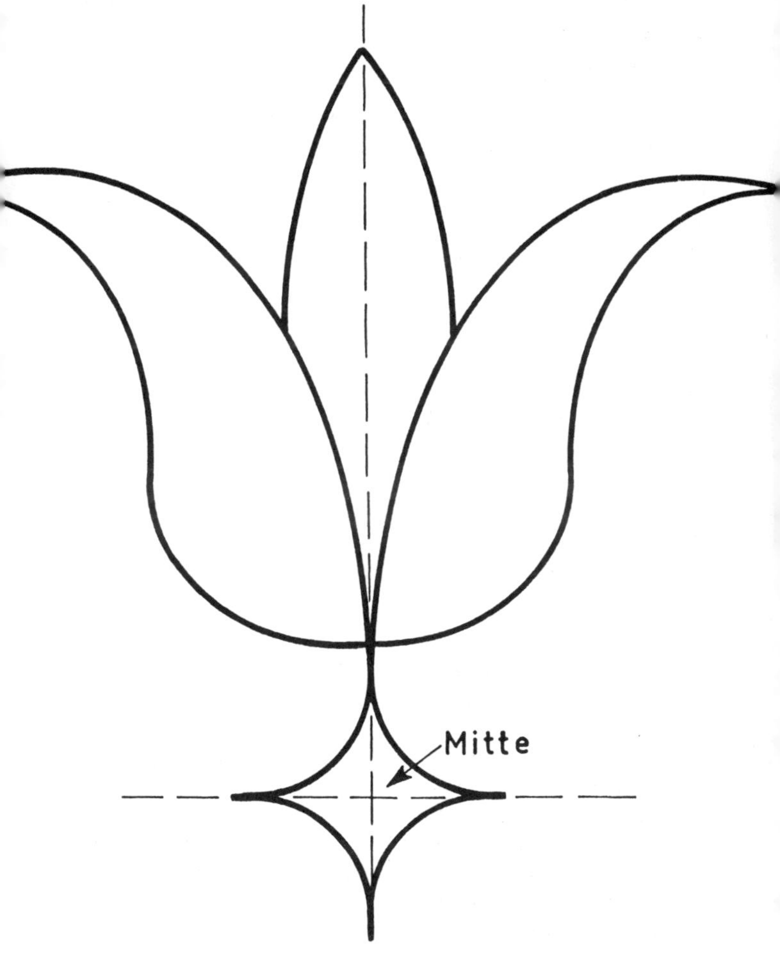

Muster B im Makrameestich

Breite ca. 11 cm; (Farbtafel gegenüber Seite 64, rechts oben)

Material: MEZ ⚓ Sticktwist Gelb 305 und Gold 308.
Stoff: Schülertuch »Linda«, Goldfarben.

Den Mustersatz auf einer waagrechten Hilfslinie so aneinandersetzen, daß sich die senkrechten Hilfslinien decken. Die Blümchen und die Blättchen in der »Tulpe« mit 3 abgespaltenen Sticktwistfäden im Platt-, Stiel- und Knötchenstich in Gold arbeiten. Die geschwungenen Linien mit ganzem Sticktwistfaden in Gelb im Makrameestich sticken. Zwischen diese Linien einzelne Makrameestiche in Gold arbeiten.

Füllsticharten

Der Bilder- oder Klosterstich

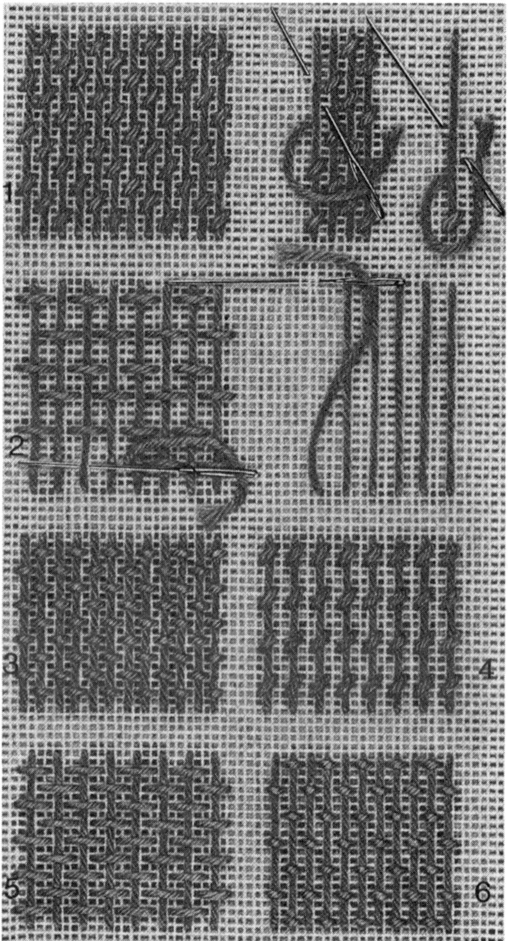

Der Bilder- oder Klosterstich dient häufig zum Ausfüllen von gestickten Blüten oder Blättern. Er kann auf zweierlei Art gearbeitet werden:

1) Einen langen senkrechten Spannstich mit waagrechten oder

schrägen Stichen überfangen; auf diese Weise die ganze Fläche ausfüllen.

2) Eine ganze Fläche mit Spannstichen aussticken und die Fäden mit kurzen Stichen überfangen.

Auch *Festonstich* (siehe Seite 35) oder *Plattstich* (siehe Seite 14) eignen sich sehr gut als Füllstiche.

Durchbruchstiche

Diese Stiche sind an den Fadenlauf des Gewebes gebunden, können also nicht frei angebracht werden. Im Regelfall zieht man einen oder mehrere Fäden aus dem Gewebe aus und bringt die Stickerei dort an. Diese Stiche werden oft auch für Hohlsäume, das heißt nicht nur als Zierstiche, sondern auch als Nutzstiche zum Befestigen eines Geweberandes benützt. Einige der wichtigsten sollen hier aufgeführt werden.

Ⓐ LOCHSAUM- ODER HOHLNAHTSTICH

Dieser Stich wird stets auf der linken Stoffseite gearbeitet. Als Hilfslinie werden 2 bis 4 Fäden aus dem Gewebe ausgezogen.

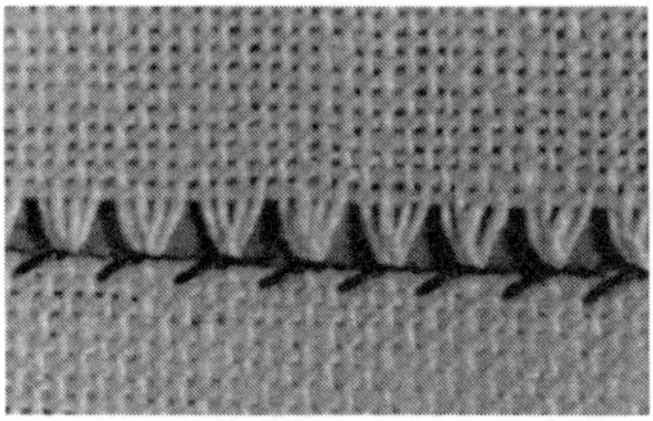

Abb. 26: *Vorderseite*

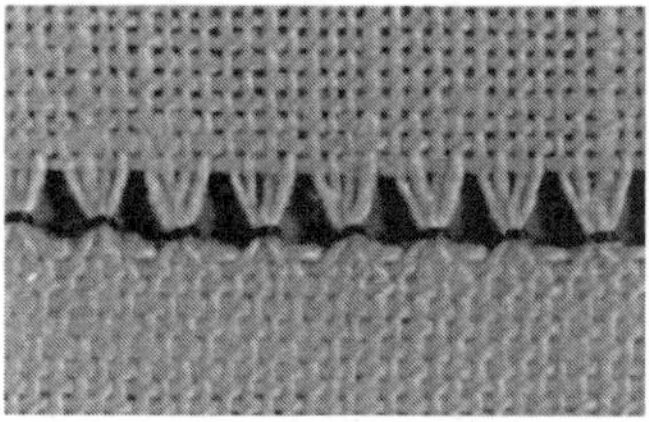

Abb. 27: *Rückseite*

Wird nur 1 Faden gezogen, spricht man vom »blinden Lochsaum«.

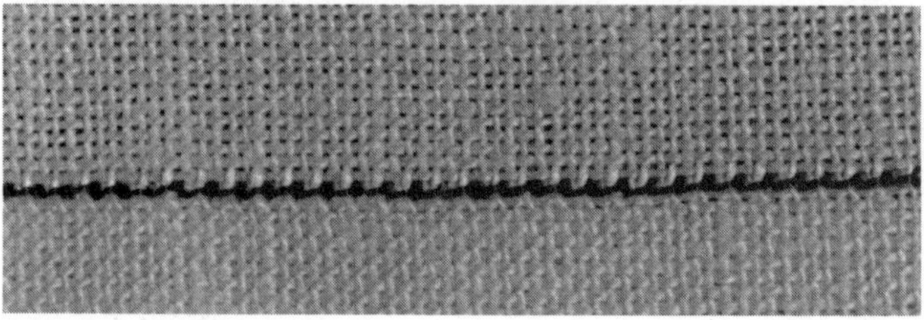

Abb. 28: *»Blinder Lochsaum«*

Arbeitsweise von links nach rechts:

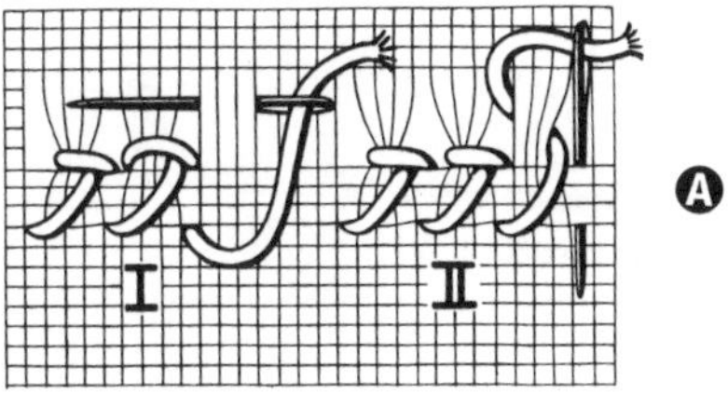

1. Stich: 2 Fäden unterhalb der gezogenen Fäden ausstechen, (Arbeitsfaden nach unten legen) 2 Fäden nach rechts oben übergehen, einstechen, 2 Fäden nach links auffassen, ausstechen, durchziehen, Faden nach unten anziehen.

2. Stich: (Arbeitsfaden liegt oben), nach den gebündelten Fäden 2 Fäden senkrecht nach unten auffassen, ausstechen, durchziehen, Faden nach unten anziehen.

Wird der Lochsaum in einer Saumkante gearbeitet, so sticht man anstatt unterhalb der gezogenen Fäden in der Saumkante aus.

B LEITERLOCHSAUM

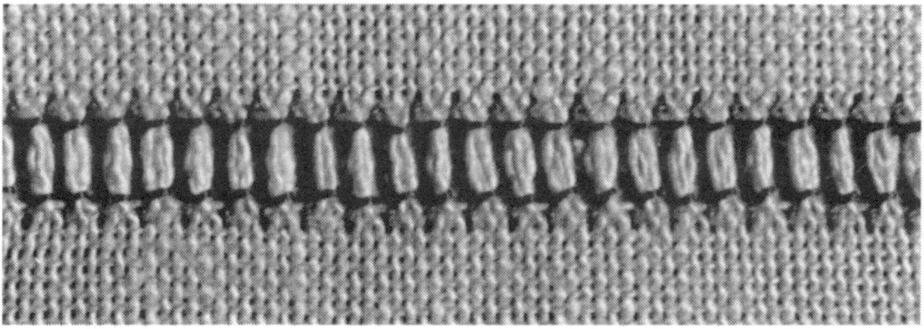

Abb. 29: *Vorderseite*

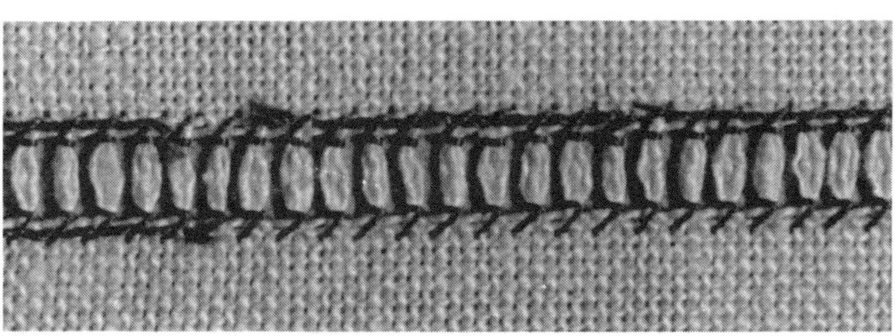

Abb. 30: *Rückseite*

Hier werden mindestens 4 Gewebefäden ausgezogen. Arbeitsweise von links nach rechts wie beim Lochsaumstich. Arbeitsweise auf der linken Stoffseite.

1. Reihe: Jeweils mit Lochsaumstich 2 oder mehr Fäden der Fadenrinne bündeln.

2. Reihe: Arbeit drehen, daß die gestickte Reihe oben liegt. Jeweils mit Lochsaumstich die gleichen Fäden wie bei der 1. Reihe bündeln.

Ⓒ ZICKZACK-LOCHSAUM

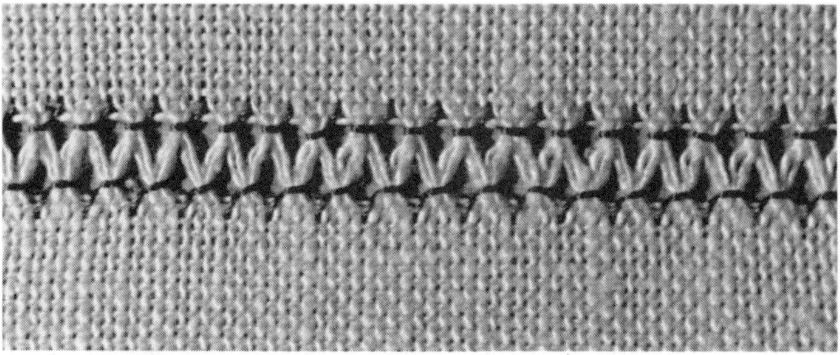

Abb. 31: *Zickzack-Lochsaum*

Arbeitsweise wie beim Leiterlochsaum. Es muß darauf geachtet werden, daß die Fadenbüschel eine gerade Zahl haben, also über 2, 4 oder 6 Fäden gearbeitet werden.

1. Reihe: Arbeitsweise wie beim Leiterlochsaum.

2. Reihe: Arbeit so drehen, daß die 1. Reihe oben liegt. Fadenbüschel versetzt zusammenfassen, das heißt immer die Hälfte des einen Büschels der Vorreihe mit der Hälfte des nächsten Büschels der Vorreihe zusammenfassen. So ergibt sich eine Zickzack-Linie.

Ⓓ KÄSTCHENSTICH

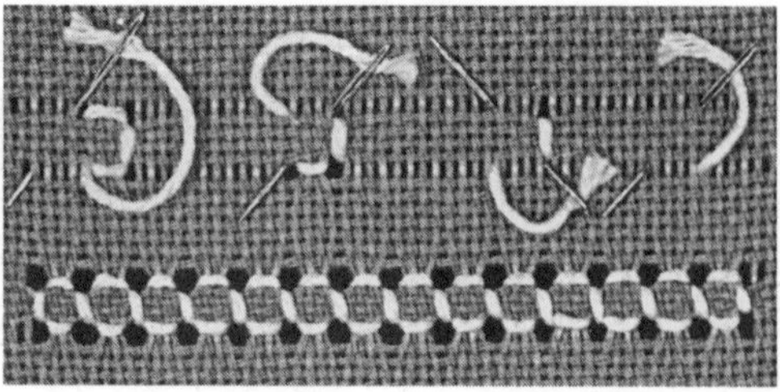

Abb. 32: *Kästchenstich*

Dieser Stich wird auf der rechten Stoffseite gearbeitet.
Arbeitsweise von rechts nach links. Es kann für die obere Stichreihe ein Faden und für die untere Stichreihe im Abstand von 4 Fäden abermals ein Faden gezogen werden.

1. Stich: Nach dem Ausstechen 4 Fäden nach oben übergehen, einstechen, 4 Fadenkreuze nach links unten auffassen, ausstechen, durchziehen, Faden fest anziehen.

2. Stich: 4 Fäden nach rechts übergehen, einstechen, 4 Fadenkreuze nach links oben auffassen, ausstechen, durchziehen, Faden fest anziehen.

3. Stich: 4 Fäden nach rechts übergehen, einstechen, 4 Fadenkreuze nach links unten auffassen, ausstechen, durchziehen, fest anziehen.

Der Stich kann als Leiter- oder Zickzack-Hohlsaum eingesetzt werden (Abb. 33).

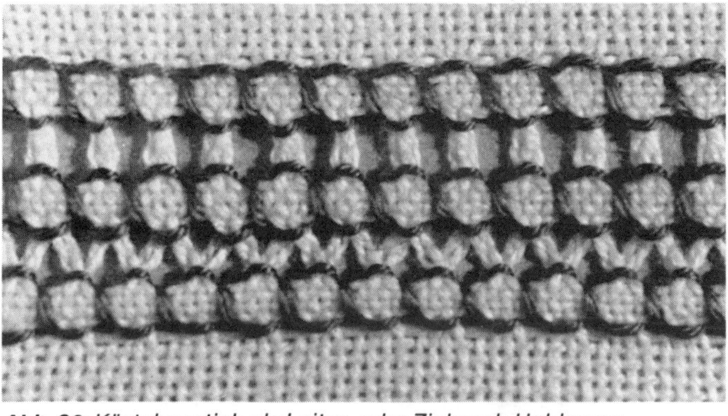

Abb. 33: *Kästchenstich als Leiter- oder Zickzack-Hohlsaum*

Ⓔ FENSTERKÄSTCHENSTICH

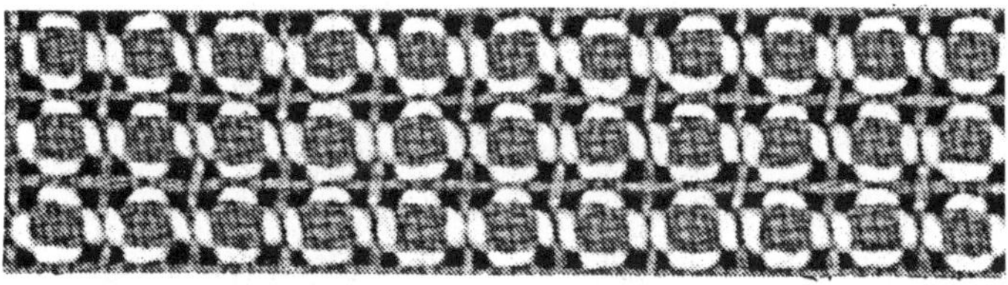

Abb. 34: *Fensterkästchenstich*

Wenn die Kästchenstichreihen durch einen waagrechten und die einzelnen Stiche durch einen senkrechten Faden voneinander getrennt sind, spricht man vom »Fensterkästchenstich«, weil sich zwischen den Stichen ein Fadenkreuz gleich einem Fensterkreuz bildet.

F WICKELSTICH

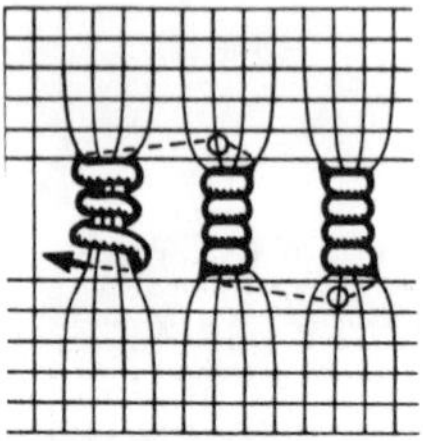

Man wickelt von rechts nach links. Nach jeder Wicklung macht man über den mit O gekennzeichneten Gewebefaden einen Befestigungsstich.

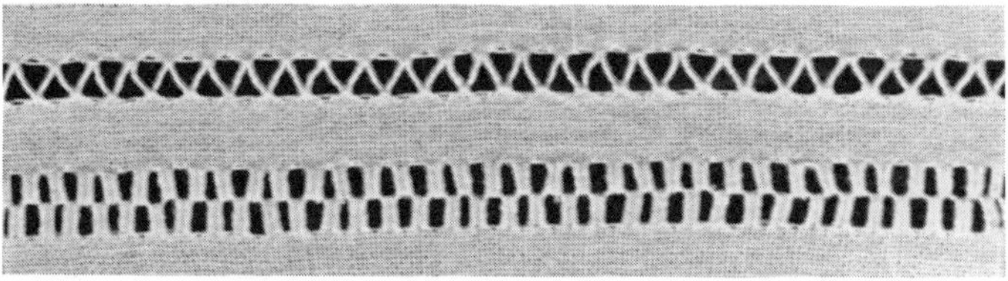

***Abb. 35:** Wickelstich*

G MAURISCHER HOHLSAUM

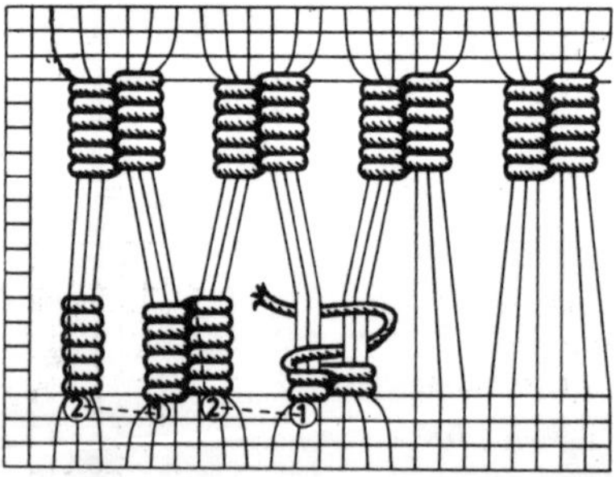

G

Vor jeder Wicklung wird über den mit ① gekennzeichneten Gewebefaden ein Befestigungsstich gemacht. Am Ende der Wicklung geht man hinter der Wicklung zurück (siehe gestrichelte Linie) und arbeitet über den mit ② gekennzeichneten Gewebefaden einen weiteren Befestigungsstich.

H TOGGENBURGER HOHLSAUM

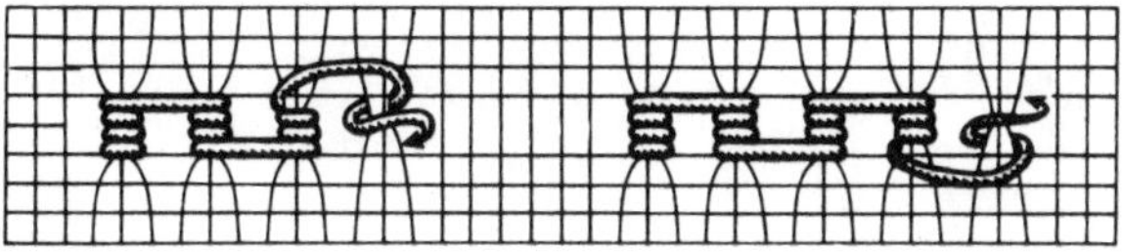

H

Beim »Toggenburger Hohlsaum« umwickelt man drei Gewebefäden.

I ERBSLOCHSAUM

(siehe auch Abbildung auf Seite 51)

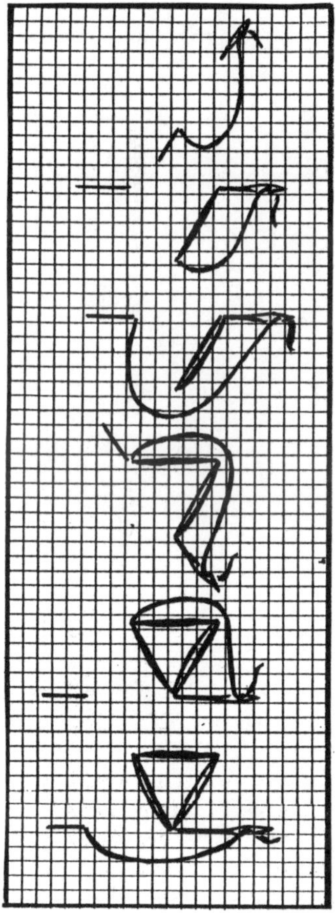

Arbeitsweise von rechts nach links. Faden ziehen, im Abstand von 4 Fäden nochmals Faden ziehen. In der unteren Fadenrinne ausstechen.

1. Stich: 3 Fäden nach rechts, 5 Fäden nach oben übergehen, in die obere Fadenrinne einstechen, im Ausstichpunkt unten ausstechen, durchziehen.

2. Stich: Im Einstichpunkt oben einstechen, 6 Fäden nach links auffassen, ausstechen, durchziehen.

3. Stich: 6 Fäden nach rechts übergehen, einstechen (= 1. Einstichpunkt!), nach links 6 Fäden auffassen, ausstechen, durchziehen, fest anziehen.

4. Stich: Im Ausstichpunkt unten einstechen, im Ausstichpunkt oben ausstechen, durchziehen.

5. *Stich:* Im Ausstichpunkt unten einstechen, 6 Fäden nach links auffassen, ausstechen, durchziehen.

6. *Stich:* 6 Fäden nach rechts übergehen, einstechen, (= 1. Ausstichpunkt!), 6 Fäden nach links auffassen, ausstechen, durchziehen, fest anziehen.

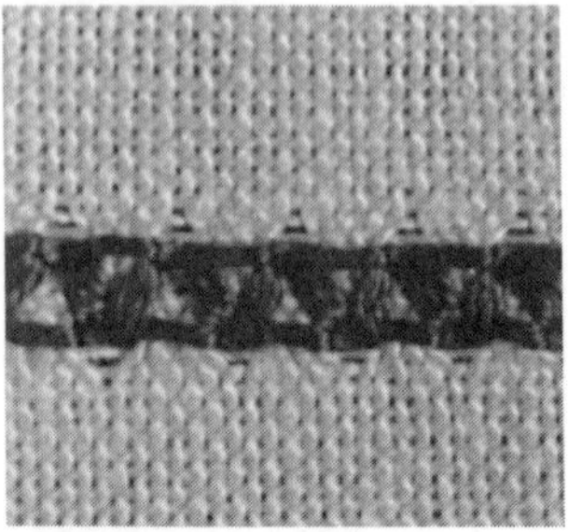

Abb. 36: *Erbslochsaum, Vorderseite*

Abb. 37: *Erbslochsaum, Rückseite*

K KNÖTCHENSTICH

Den Knötchenstich findet man in der Durchbruchstickerei und bei anderen Stickarten. ***Stickrichtung*** von rechts nach links.

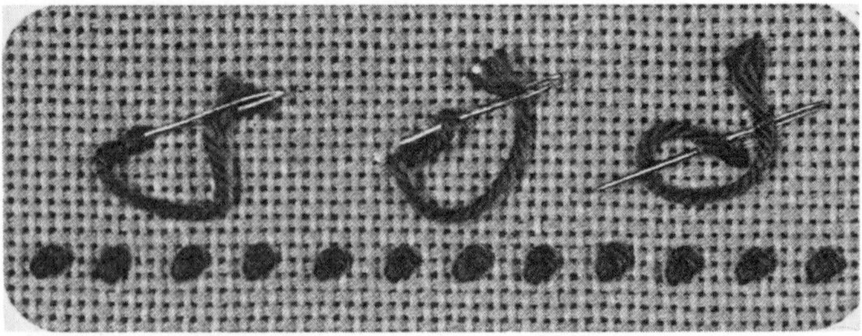

Abb. 38: *Knötchenstich*

Knötchenstich bei Durchbruchstickerei:
Die Ränder der Fadenrinne sind mit Plattstich befestigt.

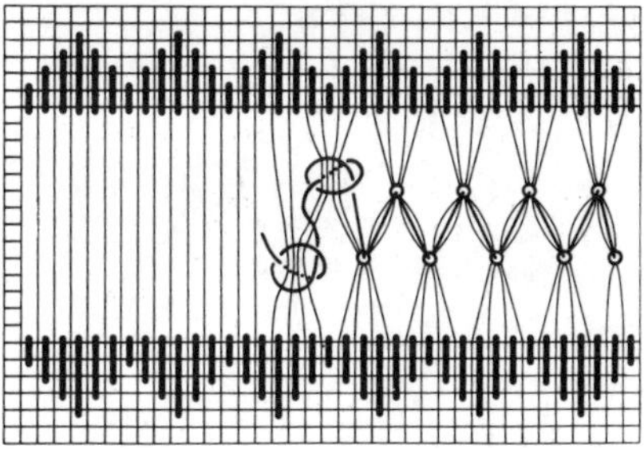

Jedes Knötchen wird fest angezogen bevor man das nächste arbeitet. An unserer Zeichnung sind nur deutlichkeitshalber zwei noch nicht fertig angezogene Knötchen im Arbeitsgang gezeichnet.

Hohlnahtstiche mit Durchzugsvariationen

Ⓐ EINFACHER HOHLNAHTSTICH MIT EINGESTOPFTEM MUSTER

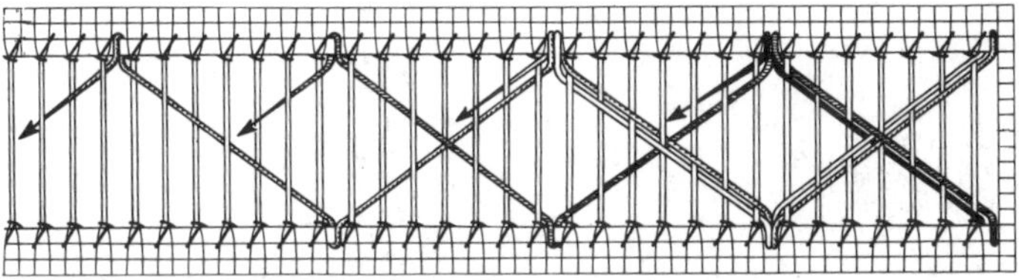

In 4 Arbeitsgängen von rechts nach links arbeiten. Deutlichkeitshalber sind die Stickfäden unterschiedlich gezeichnet.

Ⓑ HOHLNAHT MIT PLATTSTICHBEFESTIGUNG UND VERSCHRÄNKTEN GEWEBEFÄDEN

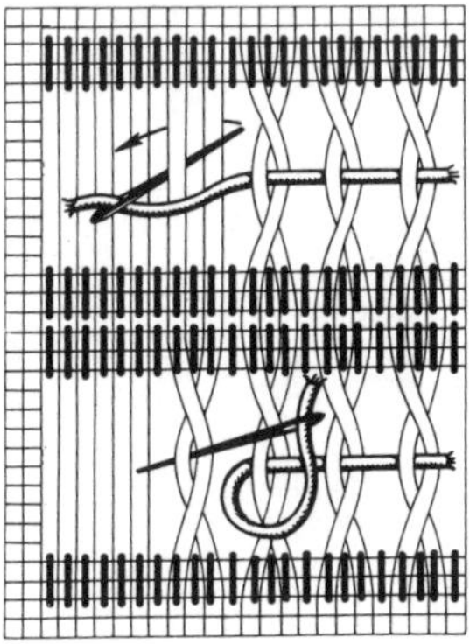

C EINFACHER HOHLNAHTSTICH MIT EINGESTOPFTEM MUSTER

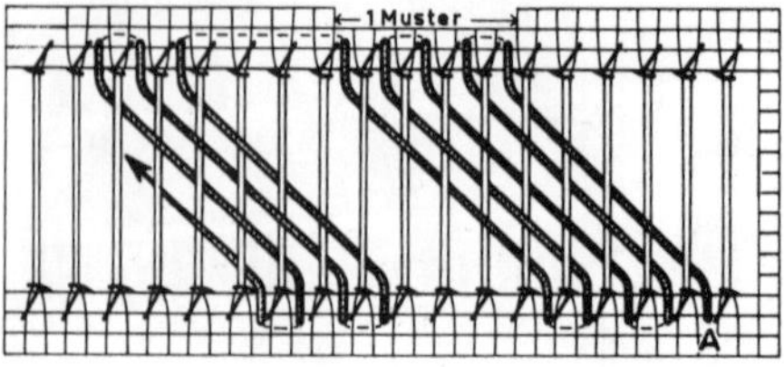

Beginn bei A (= Anfang)

Beispiele für Durchbrucharbeiten

Reihenfolge der Durchbrucharbeit:

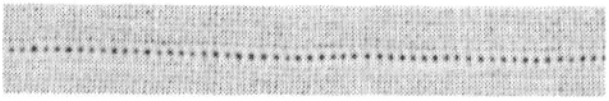

1 *Blinder Hohlsaum: In der Regel wird dazu kein Faden gezogen*

2 *Leiterhohlsaum + Zäckchenhohlsaum: Je nach Material 6 bis 8 Fäden ausziehen, nicht ausnähen. Auf gerade Fadenzahl achten*

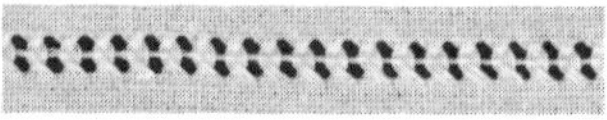

3 *Geteilte Fäden, einfach, verschränkt: 12–14 Fäden ausziehen, (beim Ausnähen 4 Fäden zusammennehmen), nicht ausnähen*

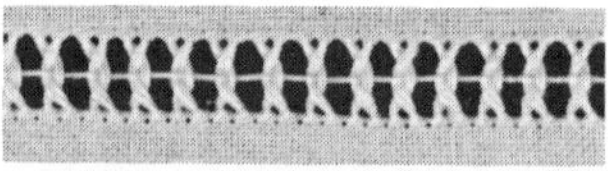

4 *Ungeteilte Fadenbüschel, einfach, verschränkt: 12–14 Fäden ausziehen, beim Ausnähen 4 Fäden zusammennehmen*

5 *Vier Fadenbüschel einfach verschränkt: 16 Fäden ziehen, 3 Fäden zusammenfassen*

6 *Durch Verwendung des Hexenstiches kann bei Borten mühsames Ausnähen vermieden werden (Schattenstich)*

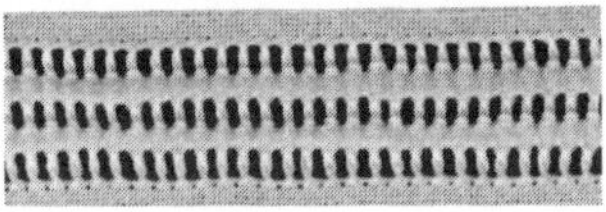

7 *Kästchenstich- Quadrathohlsaum: Dem Material entsprechend die Fäden ausziehen und einen Stoffstreifen zwischen 2 Fadenreihen stehen lassen, (4 Fäden ziehen, 4–6 Fäden stehen lassen)*

8 *Erbslochsaum (Zierstich): Wie beim Kästchenhohlsaum Fäden ziehen*

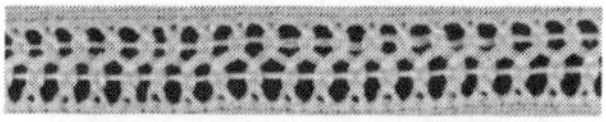

9 *Zwei Fadenbüschel in zwei Reihen, einfach, verschränkt*

10 *Vier Fadenbüschel in zwei Reihen, doppelt, verschränkt (20 Fäden ziehen, 3 Fäden zusammenfassen)*

11 *Dreiteilige Fadenbüschel einmal abgeknotet: Mit einem sichtbaren Mittelfaden (18 Fäden ziehen, 3 ausnähen)*

12 *Dreiteilige Fadenbüschel, zweimal geteilt, abgeknotet: Mit zwei sichtbaren Mittelfäden (20 Fäden ziehen, 3 ausnähen)*

13 *Einfach abgeknotete Fadenbüschel mit mittlerer Zackenmusterung (14 Fäden ziehen, Ausnähen nicht unbedingt nötig)*

14 *Vier Fadenbüschel, einfach abgeknotet, mit mittlerer Zackenmusterung (20 Fäden ziehen, 3 ausnähen)*

15 *Kordonierte Einzelstäbchen/ Kordonierte Zackenstäbchen (kordoniert = umwickelt): 10 Fäden ziehen, nicht ausnähen*

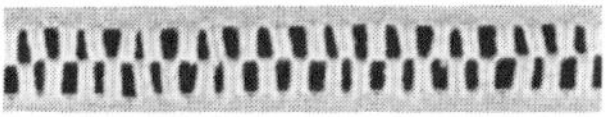

16 *Stäbchen im Wickelstich: 10 Fäden ziehen, nicht ausnähen*

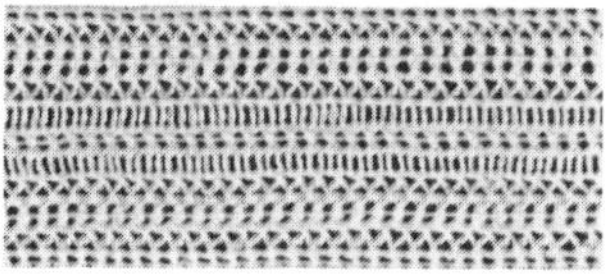

17 *Durchbruchbordüre*

Verschiedene Sticktechniken und Modelle dazu

Durchzug und Durchbruchstickerei

Bei diesen Sticktechniken ist das *Ausziehen von Fäden* aus dem Gewebe zur Musterbildung erforderlich. Gestickt wird daher auch nur in waagrechter oder senkrechter Richtung, dem Fadenlauf entsprechend. Durch Übernähen, Verkreuzen, Abknoten, Umstopfen oder Umwickeln der Stoffäden entstehen die verschiedenen Muster.

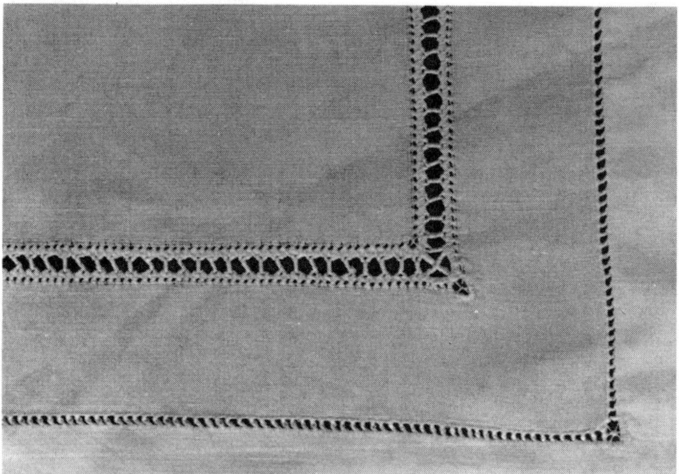

***Abb. 39:** Eckbildung mit verschiedenen Lochsäumen*

Für die Herstellung dieser Handarbeiten benötigen wir einen *Grundstoff in Leinenbindung*, bei dem Schuß- und Kettfäden gleich stark sind. Das ist wichtig, weil sonst die Lücken im Stoff, die nach dem Entfernen der Gewebefäden entstehen, nicht gleichmäßig ausfallen. Als Stickgarne eignen sich gut Perlgarne oder Vierfachstickgarne (beispielsweise MEZ ⚓ Vierfachstickgarne. 16–20 oder MEZ ⚓ Perlgarn 3, 5 oder 8).

Beim Herausziehen der Fäden aus dem Stoff muß besonders sorgfältig gearbeitet werden. Ein falsch oder aus Versehen herausgezogener Faden läßt sich, wenn überhaupt, nur sehr schwer wieder in das Gewebe zurückpraktizieren. Sollen für ein Muster sehr viele Fäden und womöglich noch in beiden Richtungen, senkrecht und waagrecht, herausgezogen werden, so empfiehlt es sich, anfangs jeweils nur so viele aus dem Gewebe zu entfernen, wie es die gerade gearbeitete Stichreihe erfordert. Sonst verzieht sich das Gewebe zu stark und erschwert das Sticken. Bei locker gewebten Stoffen arbeitet man am besten im Stickrahmen.

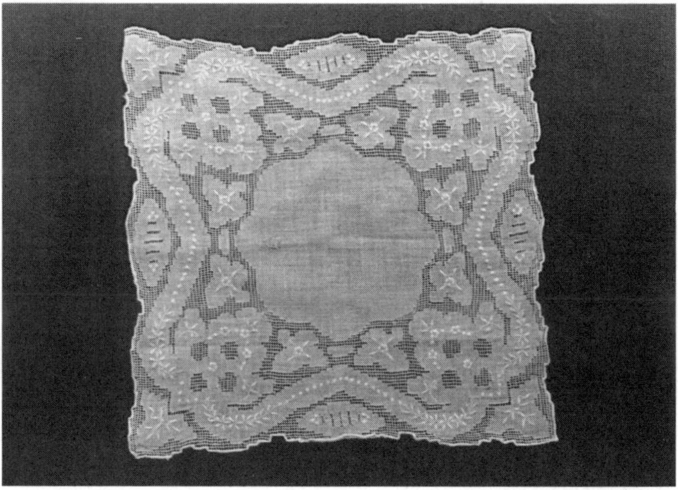

***Abb. 40:** Taschentuch mit Appenzeller Hohlnahtstickerei und Weißstickerei*

DURCHZUG- ODER WEBSTICKEREI

Diese Art ist sehr einfach durchzuführen und auch völlig ungeübten Stickern möglich. Ein Faden, der aus dem Gewebe gezogen wurde, wird durch einen Stickfaden ersetzt, wobei einer oder mehrere Gewebefäden aufgefaßt und übergangen werden. Durch den beliebigen Abstand der herausgezogenen Fäden und durch die Farbwahl bei den eingestickten Fäden entstehen ansprechende Muster. Werden nur in einer Richtung Fäden gezogen, handelt es sich um den sogenannten »einfachen Durchzug«; werden sowohl waagrechte als auch senkrechte Fäden aus dem Gewebe entfernt, spricht man von einem »Doppeldurchzug«.

Durchbruchstickerei, einfach

Hier werden die Fäden nur in einer Richtung gezogen. Als Stickstiche finden die verschiedensten Durchbruchstiche Anwendung, wie einige auf den Seiten 54 ff. beschrieben sind.

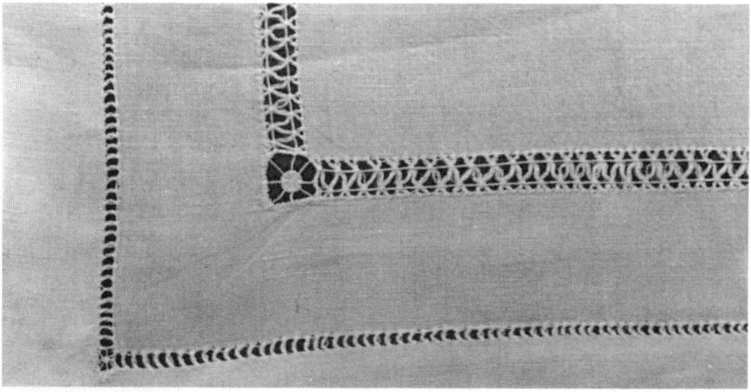

Abb. 41: *Eckbildung mit eingestopfter Spinne*

Doppeldurchbruchstickerei

Sie ist sehr schön, aber auch sehr kompliziert und erfordert schon einige Übung: Hier werden die Gewebefäden sowohl in senkrechter als auch in waagrechter Richtung aus dem Stoff gezogen. Für die Löcher, die dabei im Gewebe entstehen, hat man je nach Gegend verschiedene Techniken: Überbrücken mit Spinnen, umstopften Stegen oder eingestopften Formen. Dabei entstehen sehr reizvolle Muster – beispielsweise bei der in der Schweiz gebräuchlichen *Appenzeller Hohlstickerei* (siehe Abb. 40), bei der *spanischen Toledoarbeit,* der *Teneriffa-Durchbruchstickerei,* der *norwegischen Hardangertechnik* und noch bei vielen anderen mehr. Ich kann auf diese Traditionen im Rahmen unseres Buches ebenso wie auf die *dänische Hebedostickerei,* die schon zur Spitzenklasse gehört, nur begrenzt (Hardangertechnik) eingehen.

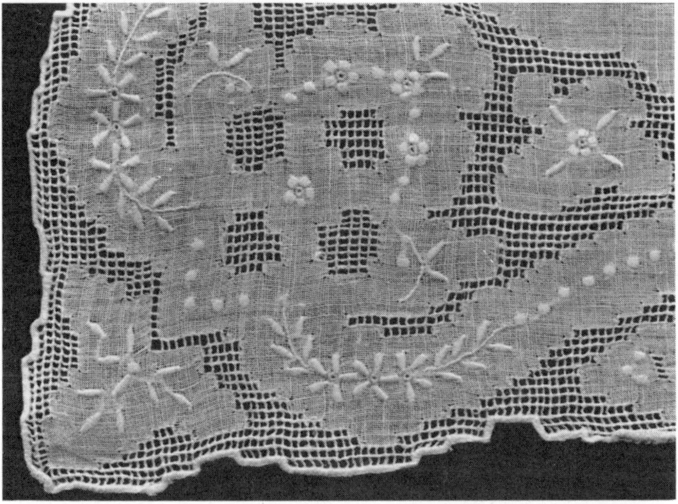

Abb. 42: *Rand- und Mittenverzierung in Appenzeller Hohlnaht mit Weißstickerei*

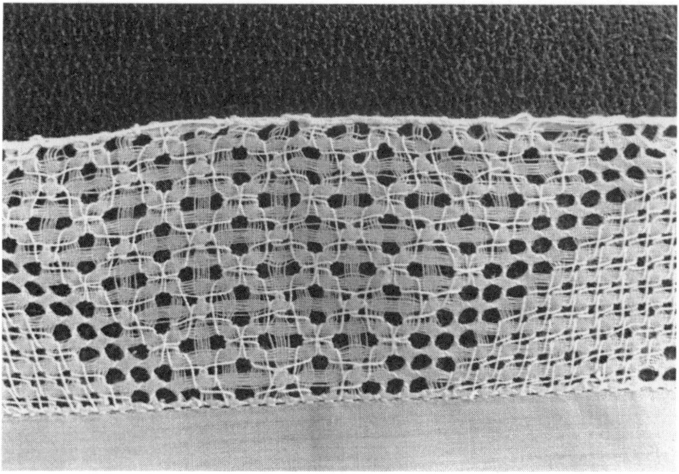

Abb. 43: *Breite Doppeldurchbruchverzierung mit einfachen Schlingenstichen*

Abb. 44: *Doppeldurchbruch in Appenzeller Hohlnaht mit Weißstickerei*

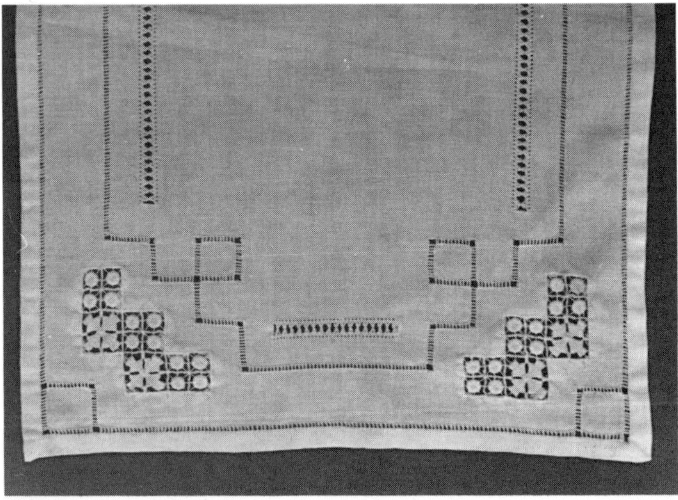

Abb. 45: *Einfacher Durchbruch und Doppeldurchbruch mit eingestopften Formen, Spinnen und Wickelstegen*

Die Bildung der Ecke ist für diese Arbeiten von großer Bedeutung, darum will ich darauf noch genau eingehen.

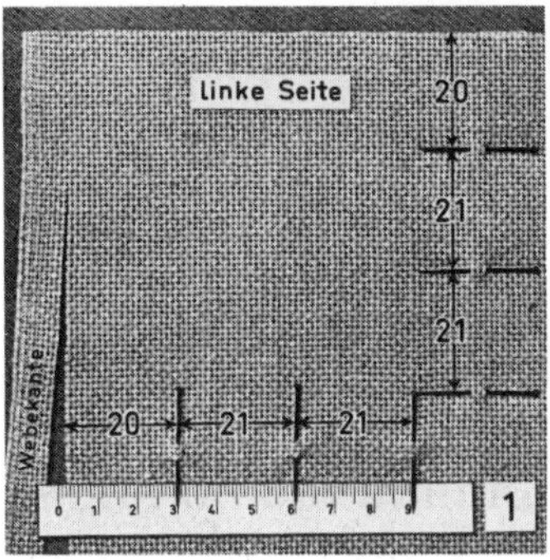

Zu 1: Webekanten ca. ½ cm tief wegschneiden, da sie sich mitunter leicht zusammenziehen.
Einen doppelten Saum zu arbeiten ist deshalb vorteilhaft, weil sich bei einem einfach gearbeiteten Saum ein schmaler Stoffeinschlag durchdrücken würde. Unser Lehrbeispiel ist an einem 3 cm breiten, doppelten Saum gezeigt. Man berechnet also für diesen Saum insgesamt 9 cm, und zwar markiert man mit Stecknadeln: 3 cm für die Vorderseite, 3 cm für die Rückseite und 3 cm für den Einschlag. Jeder dieser 3-cm-Abschnitte muß die gleiche Anzahl Gewebefäden haben, außer dem Einschlag, bei dem es am Schnittrand ein Faden weniger sein muß, damit der Einschlag nach dem Legen des Saumes glatt liegenbleibt. Bei gleichmäßig gewebten Stoffen nur an einer Seite messen und danach die Gewebefäden zählen; an den anderen 3 Seiten die Gewebefäden *nur abzählen.* (In unserem Lehrbeispiel sind es 21 bzw. 20 Gewebefäden.)

Ist der Stoff nicht gleichmäßig gewebt, hat also die gleiche Zentimeteranzahl in Höhe und Breite eine unterschiedliche Anzahl Gewebefäden, so muß man bei sich gegenüberliegenden Seiten die eine Seite messen und zählen und die andere nur abzählen.

Zu 2 (Schema-Zeichnung siehe Seite 58, oben.) Nach der dreifachen Saumbreite innen werden ringsum je 1 oder die gewünschte Anzahl Gewebefäden für den Hohlsaum herausgezogen (in unserem Lehrbeispiel sind der Deutlichkeit halber 2 Gewebefäden herausgezogen). Die Gewebefadenenden an den Endpunkten nicht abschneiden, sondern lose hängen lassen. Dann Fadenenden sorgfältig zurücklegen und mit feinem Nähfaden in der Farbe des Stoffes annähen, ohne daß die Stiche auf der Vorderseite sichtbar werden; etwas kürzer als Saumbreite abschneiden.

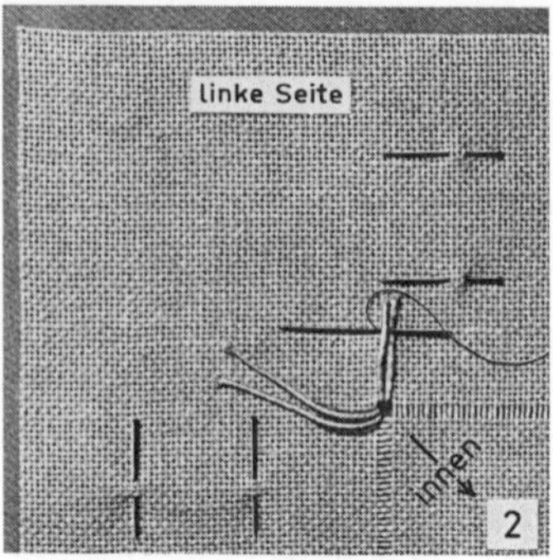

Beschreibung zur Schemazeichnung, siehe Seite 57, unten.

Zu 3: Jetzt wird der Saum wie folgt nach links gelegt: Von den Stecknadeln ausgehend fadengerade die Bruchkanten ritzen (siehe Abbildung) oder kniffen oder – bei synthetischen- und Wollstoffen – heften und bügeln; dann mit wenigen Nadeln den Saum feststecken.

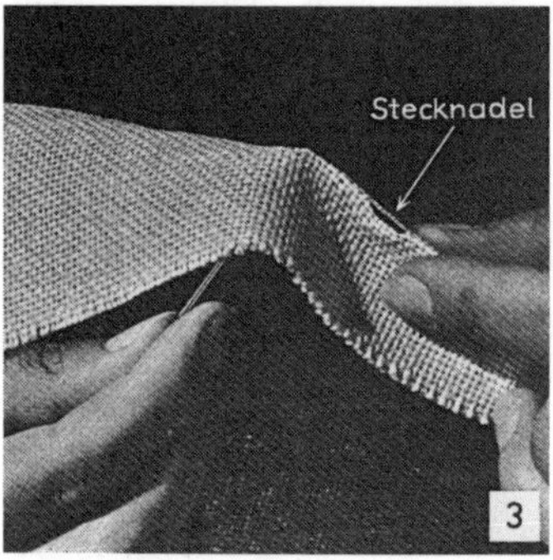

Zu 4: An den Ecken *nur den Einschlag* nach links umlegen. Die Mittelpunkte der 3 Kreise werden wie folgt gefunden und mit Stecknadeln markiert: für Kreis 1 und Kreis 2 geht man vom äußeren Eckpunkt des Eckloches fadengerade nach außen (siehe gestrichelte Linien). Für Kreis 3 ist der Kreuzungspunkt der Bruchkanten der Mittelpunkt. Stecknadeln bis zum Nähen der Ecke stecken lassen. Diese 3 Mittelpunkte eventuell mit einer dünnen Bleistiftlinie miteinander verbinden (Lineal benutzen). Diese Linie verläuft diagonal genau über die Gewebekreuze (siehe punktierte Linie). Arbeit wenden, und die Ecke umlegen. Die nun entstandene Bruchkante (das ist die punktierte Linie) ganz fest bügeln.

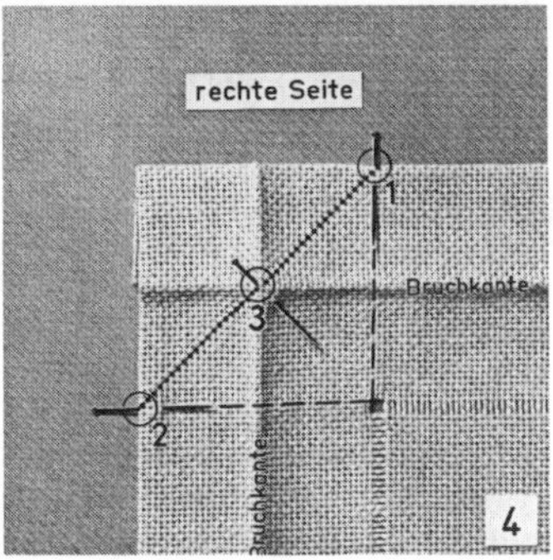

Beschreibung zur Schemazeichnung siehe Seite 58, unten.

Zu 5: Ca. ½ bis 1 cm von dieser Bruchkante entfernt die auf der Abbildung mit einem weißen Feld bezeichnete Stoffecke abschneiden.

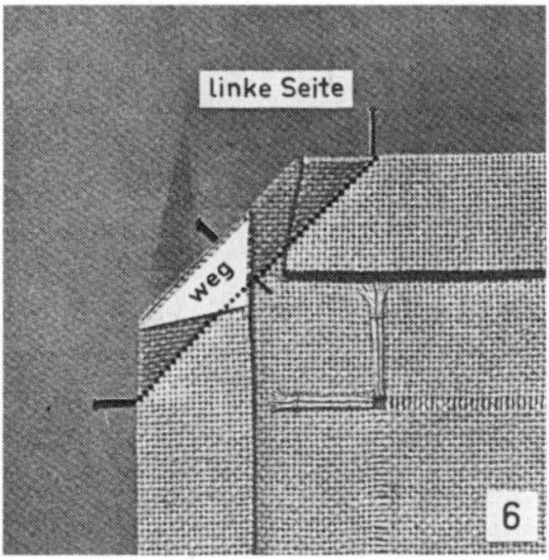

Zu 6: Den verbleibenden schmalen Einschlag der Ecke öffnen und die zwei kleinen Eckchen (eines mit weißem Feld bezeichnet, das andere ist schon abgeschnitten) abbildungsgemäß bis etwas über die Bruchkante hinaus abschneiden. Die Bruchkante ist die punktierte Linie.

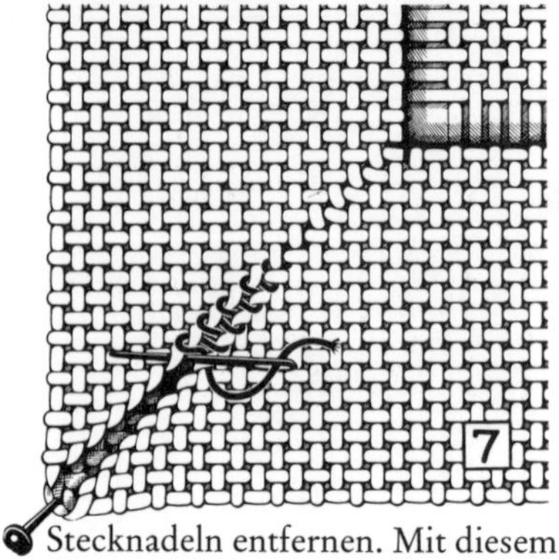

Zu 7: Ecke legen, und zwar zuerst den schmalen Einschlag bis zur Bruchlinie umbiegen, dann Nadel Kreis 1 und Nadel Kreis 2 an den äußeren Eckpunkt des Eckloches legen; den Saum an dieser Stelle mit feinem Nähgarn in der Farbe des Stoffes an den äußeren Rändern des Eckloches mit einem kleinen Stich befestigen und die 2 Stecknadeln entfernen. Mit diesem Nähfaden anschließend die zwei diagonal verlaufenden Bruchkanten bis zur Ecke (Stecknadel) mit unsichtbaren Stichen hohl zusammennähen; wesentlich dabei ist, daß man jeweils nur einen Gewebefaden faßt, und zwar an jeder Seite den parallel zu dem Saum laufenden Gewebefaden, genau in der Diagonale.

Das Sichern der Gewebefadenenden am Ende eines Fadengleises: Werden bei Durchbrucharbeiten die Gewebefäden nicht ganz ausgezogen, sondern nur bis zu einer bestimmten Stelle, wie beispielsweise bei Abbildung 45 oder bei Saumecken, so müssen die Gewebefadenenden gesichert werden. Das macht man so:

linke Seite
Jeden herauszuziehenden Gewebefaden nicht am Ende des entstehenden Fadengleises, sondern in reichlich Saumbreite vor diesem Ende durchschneiden und die Gewebefadenenden bis zum Ende des Fadengleises herausziehen.

linke Seite
Die mit X bezeichneten Gewebefadenenden auf die rechte Seite durchziehen, sie wieder auf die linke Seite holen, so daß sie den letzten Gewebefaden am Fadengleisende gleichmäßig umfassen.

linke Seite
Die Gewebefadenenden umbiegen, auf dem Stoff glatt nebeneinanderlegen und sie mit feinem Nähfaden in der Farbe des Stoffes mit Steppstichen so annähen, daß die Stiche auf der rechten Seite nicht sichtbar sind.

rechte Seite
Die Arbeitsprobe zeigt die rechte Seite der Arbeit. Über jeden Gewebefaden, wie die Arbeitsprobe zeigt, einen kleinen Steppstich arbeiten und die umgebogenen Gewebefadenenden nochmals mitfassen.

Grüne Mitteldecke in Durchbruchstickerei

(siehe Farbtafel gegenüber Seite 96, unten)

Fertige Größe ca. 90×90 cm.

Material: 8 Strg. MEZ ⚓ **Vierfach-Stickgarn 16,** Farbe 262 Pappel; 1 Röllchen MEZ ⚓ **Drima 100** in der Farbe des Stoffes; Sticknadeln Nr. 22 ohne Spitze.

Stoffzuschnitt: ca. 105×105 cm Siebleinen »Dublin«, Farbe 604 Grün. **(Siebleinen »Dublin« Art. Nr. 3604, 140 cm breit, 10 Gewebefäden = ca. 1 cm, 100% Leinen.)**

Garne und Stoffe sind im Fachhandel oder in Spezialabteilungen der Warenhäuser erhältlich. (Bezugsquellennachweis siehe Seite 4).

▌ Über das Sichern der Gewebefadenenden am Ende eines Fadengleises am Saum, siehe Seite 60.

Schemazeichnung zur Decke

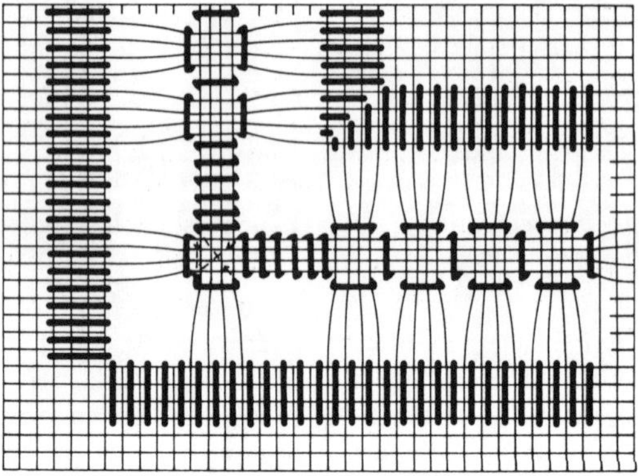

Alle Stickereien werden nach den Schemazeichnungen gearbeitet. Jeder Strich des gezeichneten Gittergrundes stellt einen Gewebefaden dar; für jeden am Außenrand angedeuteten Strich wird 1 Gewebefaden herausgezogen. Feingestrichelte Linien zeigen den Stickfadenverlauf auf der linken Seite der Arbeit, die dicken Striche bedeuten die Stickereistiche. Der Hohlnahtstich wird stets auf der linken Seite des Stoffes gearbeitet, der Kästchenstich und der Plattstich auf der rechten. Dadurch kommt es, daß in der Zeichnung *sowohl die Arbeitsweise für die rechte wie auch für die linke Seite* abzulesen sind. Man arbeitet also zuerst *entweder* den Kästchen- und Plattstich (siehe dazu Seiten 44, 14) *oder* den Hohlnahtstich, dreht dann die Arbeit um und arbeitet nach der gleichen Zeichnung den anderen Stich. Bevor man mit dem Sticken beginnt, sichert man die Schnittkanten mit der Nähmaschine im Zickzack-Stich. Man markiert zuerst mit einem kontrastfarbenen Faden die Mittellinien des Stoffzuschnittes. Dann zählt man von der Mitte aus 40 Fäden nach allen Seiten und ordnet die erste Borte an. Die herauszuziehenden Gewebefäden werden jeweils in der Mitte einer Seite durchgeschnitten, bis zur Ecke nach beiden Seiten herausgezogen und im Gewebe unter dem Plattstich vernäht. Dann stickt man nach der Schemazeichnung auf der rechten Stoffseite. Die nächsten Borten haben einen Abstand von 8, 16 und 24 Gewebefäden zur jeweils vorhergehenden. Die Randborte ist ca. 24 cm (Fadenanzahl muß durch 4 teilbar sein) von der letzten Borte entfernt. An die äußere Plattstichreihe dieser Randborte wird ein 2,5 cm breiter, doppelter Saum gelegt und mit Saumstichen von links mit MEZ ⚓ Drima 100 angenäht.

Ajourstickerei oder Reißtechnik

Sie gleicht den Durchbruchstickereien, obwohl dabei keine Fäden aus dem Gewebe gezogen werden. Der durchbruchartige Charakter des Musterbildes wird durch sehr festes Anziehen des Stickfadens erzielt (»Reißtechnik«). Da für solche Stickereien nur locker gewebte Stoffe in Frage kommen, arbeitet man am besten im Stickrahmen. Gut verwendbar ist *Siebleinen*, aber auch *Batist* oder feiner *Voile* bewähren sich. Sticktwist, Mehrfachstickgarn oder feines Perlgarn eignen sich als Stickfäden. Als Stiche finden neben dem eigentlichen Ajourstich (Seite 65 f.) Kreuzstich, Hexenstich, Plattstich, Waffelstich und die auf den Seiten 42 ff. erklärten Durchbruchstiche Anwendung.

Hier einige Beispiele:

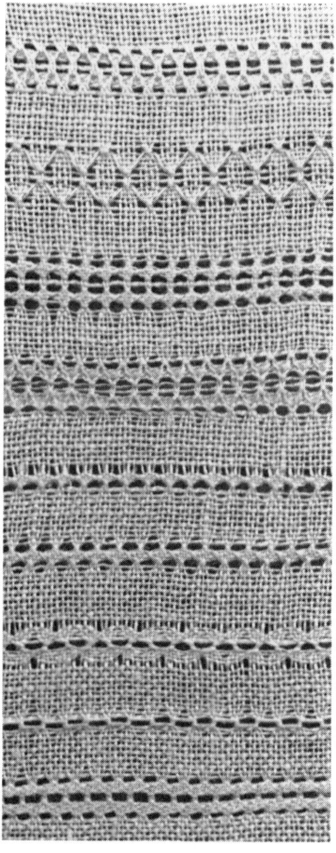

1 *rechter Maschenstich, gegengleich gearbeitet*

2 *Waffelstich, gegengleich gearbeitet*

3 *Kästchenstich*

4 *Zackenstich*

5 *Point de Paris*

6 *Assisistich*

7 *Maurischer Hohlsaum*

8 *Toggenburger Hohlsaum*

9 *rechter Maschenstich, auf linker Seite gearbeitet*

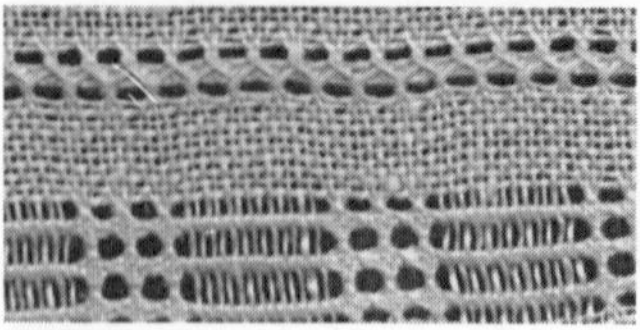

Abb. 46

10 *Hexenstich*

11 *Wickelstich und Kästchenstich im Wechsel*

Ajourarbeiten, die auf beiden Seiten verwendbar sind, nennt man *»doppelte Ajourstickerei«* oder *»persische Ajourstickerei«*. Dabei ergeben sich sehr feine, manchmal spitzenartige Muster. In dieser Sticktechnik wurden auf locker gewebtem, feinem Batist die berühmten *Dresdner Spitzen* ausgeführt.

Abb. 47: *Persischer Ajour mit Weißstickerei und Durchbruchstickerei*

Oben rechts: Die Stickanleitung zu diesem apartem Tulpenmuster finden Sie auf Seite 40.

Oben links: Versuchen Sie sich doch mal als »Maler« mit der Sticknadel! Die Anleitung zu diesem Stickbild mit Schloßmotiv finden Sie auf Seite 119 f.

Unten: Variationen mit Farben und Formen zeigt das Stickbild mit den vielen Sonnenmotiven (Arbeitsanleitung siehe Seite 120 f.)

AJOURSTICH

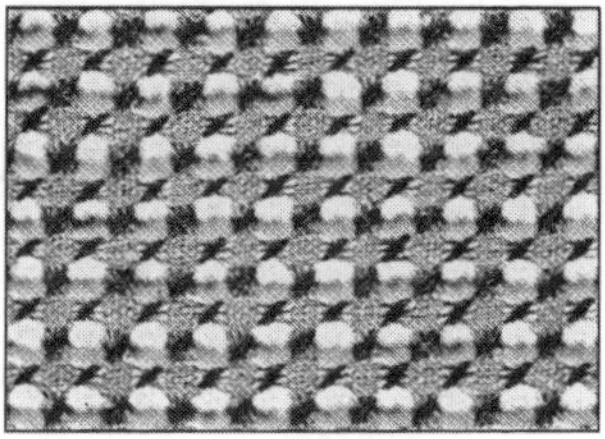

rechte Seite der Arbeit

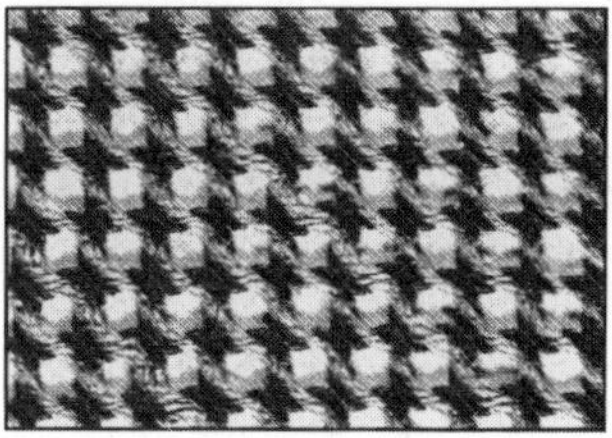

linke Seite der Arbeit

Anleitung, siehe Seite 66, oben.

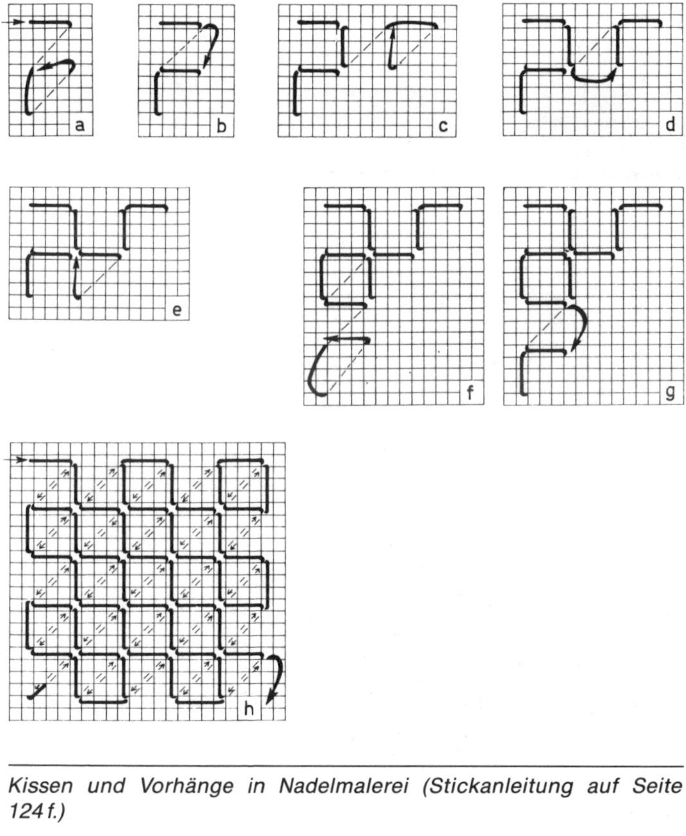

Kissen und Vorhänge in Nadelmalerei (Stickanleitung auf Seite 124 f.)

Den Ajourstich sticken wir nach den gezeichneten Arbeitsproben a–g. Der Pfeil (Zeichnung a) bezeichnet die Ausstichstelle des 1. Stiches. Es werden in Schrägreihen waagrechte und senkrechte Stiche gearbeitet; dabei entstehen auf der linken Seite schräge Stiche. Bei der Schemazeichnung h zeigen die gestrichelten Linien und die Pfeilrichtung den Stickfadenverlauf auf der linken Seite der Arbeit. An der linken unteren Ecke wird nach der längsten Reihe ein kleiner *Hilfsstich* gearbeitet, um bei den nachfolgenden Reihen auf der linken Seite einen gleichmäßigen Fadenverlauf zu gewährleisten.

Gürtel in Ajourtechnik

Größe 7,5×73 cm.

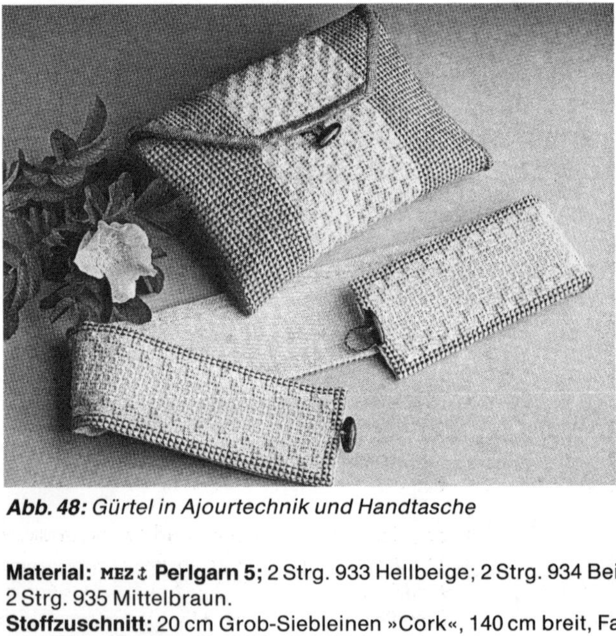

Abb. 48: *Gürtel in Ajourtechnik und Handtasche*

Material: MEZ ⚓ Perlgarn 5; 2 Strg. 933 Hellbeige; 2 Strg. 934 Beige; 2 Strg. 935 Mittelbraun.
Stoffzuschnitt: 20 cm Grob-Siebleinen »Cork«, 140 cm breit, Farbe 52 Natur (7 Gewebefäden = ca. 1 cm); 2 Knebel als Verschluß.

Der Gürtel wird nach Schemazeichnung gearbeitet. Der Stich Nr. 7 wird in Perlgarn 5, Farbe 933, Stich Nr. 9 in Farbe 934 und Stich

Nr. 2 in Farbe 935 ausgeführt. Den Stoff an der Stickerei umbiegen, den Gürtel ausfertigen, Knebel und Öse (aus Perlgarn 5 gedreht) anbringen.

Schemazeichnung zum Gürtel

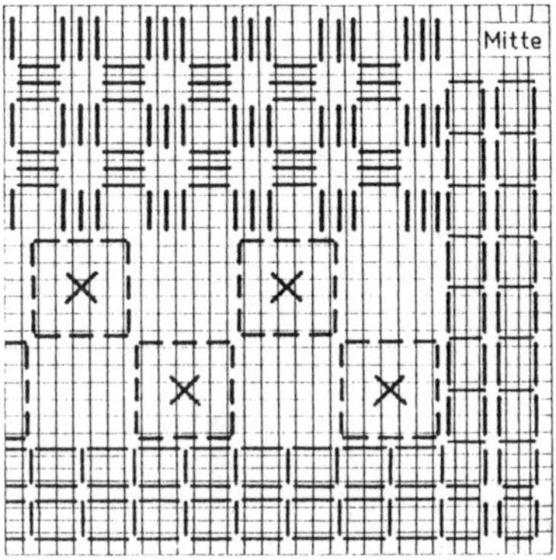

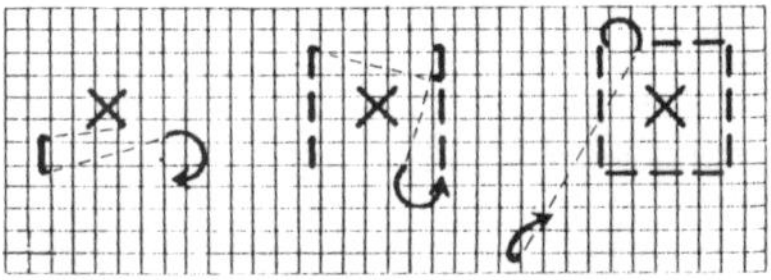

Handtasche in Ajourtechnik

Größe ca. 14×22 cm.
Material: MEZ ⚓ Perlgarn 5; 3 Strg. 934 Beige; 4 Strg. 935 Mittelbraun; **MEZ ⚓ Perlgarn 3;** 2 Strg. 935 Mittelbraun.
Stoffzuschnitt: 35×50 cm Grob-Siebleinen »Cork«, Farbe 52 Natur (7 Gewebefäden = ca. 1 cm); Futterstoff Dunkelbraun 30×45 cm; Einlagestoff Weiß 30×45 cm; 1 Knebel als Verschluß.

Die Tasche wird nach den Schemazeichnungen und der Schnittverkleinerung gearbeitet. Die Ajourstickerei wird in Perlgarn 5 in den Farben 934 (Stich Nr. **9** = **B**) und 935 (Stich Nr. **2** = **A**) ausgeführt. Der Plattstich (**C**) wird in Perlgarn 3, Farbe 935, gearbeitet. Nach dem Sticken die Teile (den Futter- und Einlagestoff) gemäß dem Schnitt zuschneiden. Den Einlagestoff auf den bestickten Stoff aufheften und die Seitennähte schließen. Das Futter einnähen; den Knebel und die Öse anbringen.

Schnittverkleinerung zur Tasche

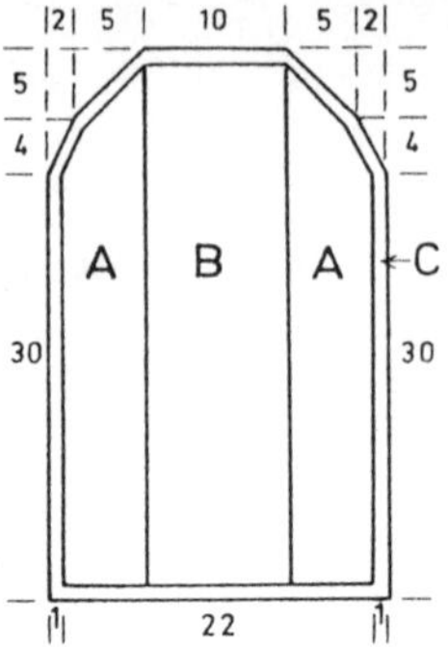

Hardangerstickerei

Diese Art der Doppeldurchbruchstickerei wurde nach dem norwegischen Hardanger-Fjord benannt, weil sie eine für die dortige Gegend typische Methode des Verzierens von Stoffen für Kleidung oder Heimtextilien darstellt.

Hardangerstickerei arbeitet man auf gröberem Stoff wie beispielsweise Leinen, Davosa, Lugana oder speziellem Hardangerstoff. Bei dieser Technik werden die Durchbrüche vor dem Abschneiden und Ausziehen der Fäden mit Stichen (meist *Plattstichen* oder *Wickelstichen*) befestigt. Daher ist sie leichter auszuführen als andere Durchbrucharbeiten; sie wirkt sehr dekorativ.

Abb. 49: *Hardangerstickerei*

Rundes Deckchen in Hardangerstickerei

(siehe Farbtafel gegenüber Seite 96, oben rechts)
Größe ca. 40 cm ∅.

Material: MEZ **Perlgarn 5,** Farbe 367 Beige, 5 Strg.; MEZ **Perlgarn 8,** Farbe 300 Vanille dunkel, 3 Knl.
Stoffzuschnitt: 50×50 cm Handarbeitsstoff »Lugana«, Art. Nr. 3835, 140 cm breit, Farbe 354 Sand (10 Gewebefäden = ca. 1 cm) von Zweigart & Sawitzki (Adresse siehe Seite 4).

Die Stickerei wird nach den Schemazeichnungen (1 Kästchen = 4 Gewebefäden) ausgeführt. Die Bedeutung der einzelnen Symbole ist der *Zeichenerklärung* (Seite 71) zu entnehmen. Zuerst werden die Plattstichgruppen gearbeitet, dann werden die Gewebefäden, die herausgezogen werden sollen, dicht an den Plattstichgruppen abgeschnitten. Die entstandenen Fadengitter werden nun durch Umwickeln und Stopfen (wie in den Schemazeichnungen angegeben) gesichert. Wie die Stege und Spinnen gearbeitet werden, ist den Arbeitsgängen zu entnehmen. Bei den Arbeitsgängen bedeutet jeder gezeichnete Strich einen Gewebefaden. Zur Vereinfachung wurden alle Arbeitsgänge der Spinnen an einem einfach umwickelten Steg gezeigt. Die Spinnen können aber (wie in den Schemazeichnungen angegeben) mit allen 3 Stegen kombiniert werden.

Die Plattstiche werden mit Perlgarn 5 und die Spinnen und Stege mit Perlgarn 8 gearbeitet. Zum Nähen verwendet man Drima 100. Die Plattstiche werden in waagrechter und senkrechter Richtung gestickt. An Ecken und bei treppenartig verlaufenden Plattstichgruppen treffen jeweils der letzte Stich einer Plattstichgruppe und der erste Stich der nächsten Plattstichgruppe in die gleiche Einbeziehungsweise Ausstichstelle.

Garne und Stoffe sind im Fachhandel oder in Spezialabteilungen der Warenhäuser erhältlich.

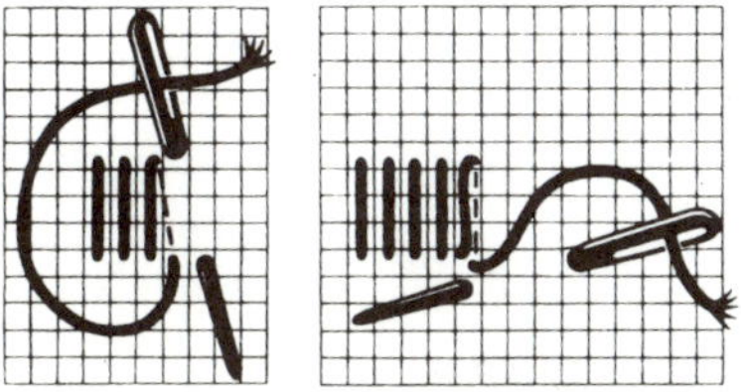

Arbeitsgang A

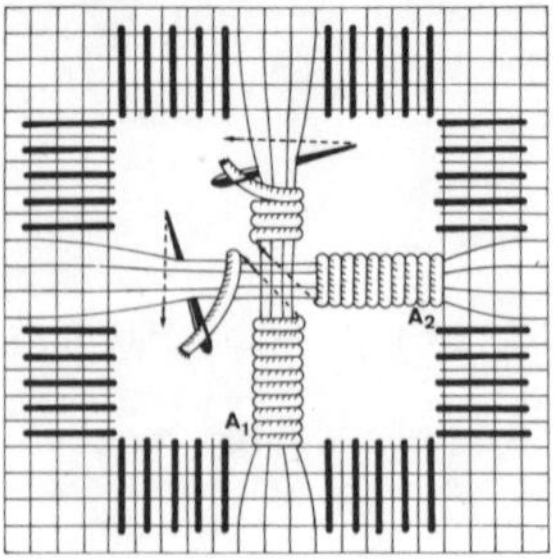

Arbeitsgang B

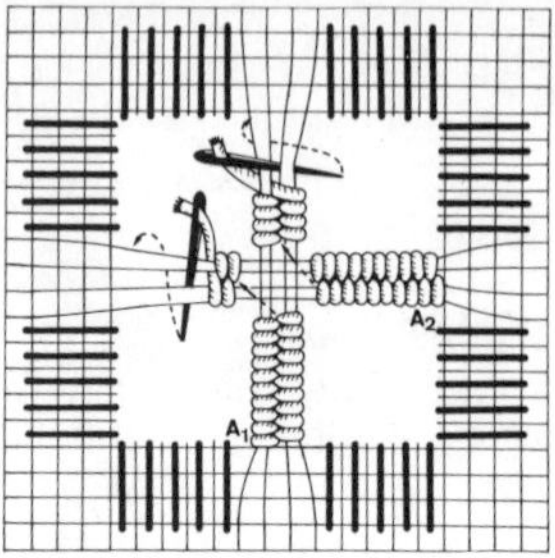

Arbeitsgang C

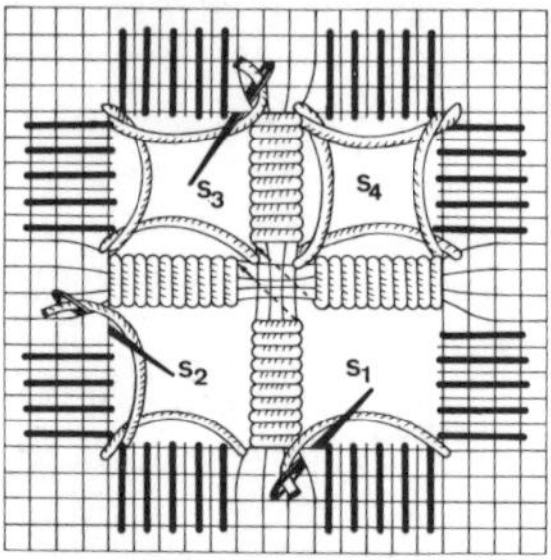

◀ *Arbeitsgang D*

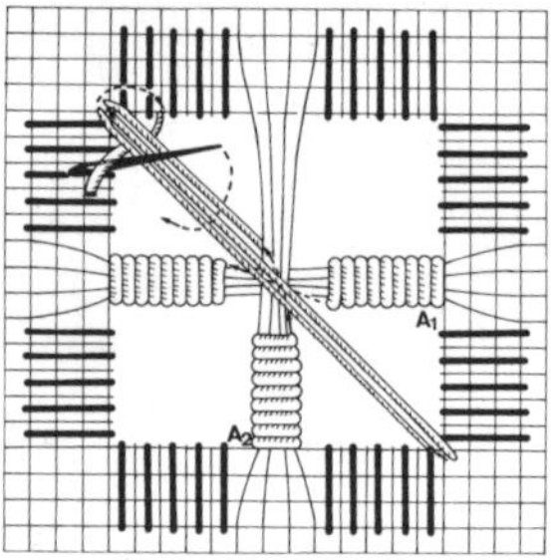

Arbeitsgang E_1

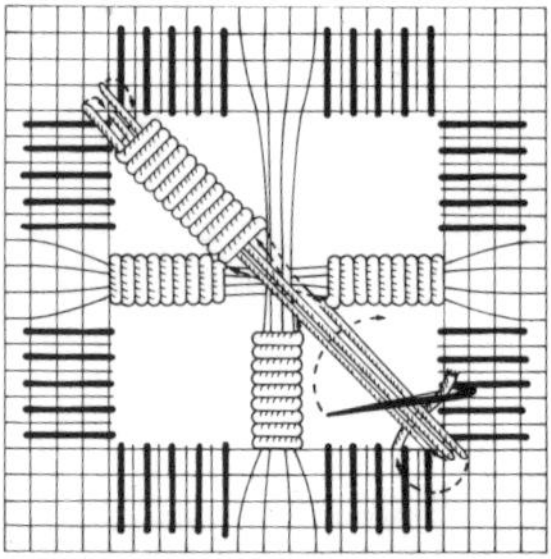

Arbeitsgang E_2

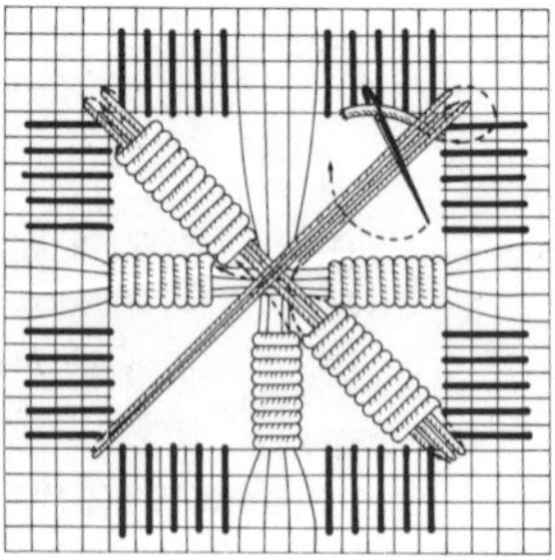

Arbeitsgang E_3

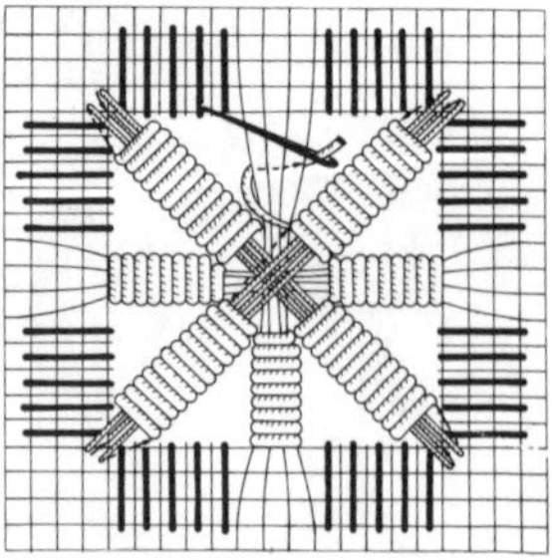

Arbeitsgang E_4

Arbeiten Sie nach *Schemazeichnung 3*, die ¼ des Deckchens angibt. Nach Fertigstellung der Stickerei schneiden Sie das Deckchen knapp an der äußeren Plattstichumrandung aus.

Zeichenerklärung

- unbestickte Flächen
- ausgeschnittene Flächen
- siehe Arbeitsgang A
- siehe Arbeitsgang B
- siehe Arbeitsgang C
- siehe Arbeitsgang D
- siehe Arbeitsgang $E_1 - E_4$

Schemazeichnung 3

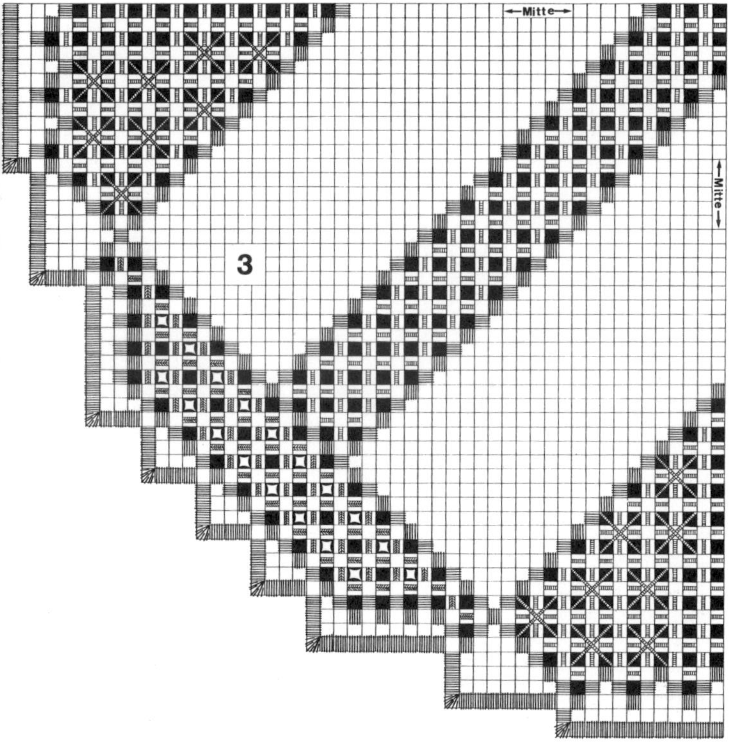

Bettüberwurf und Kissen in Hardangerstickerei

(Siehe Farbtafel gegenüber Seite 33, oben)

Die abgebildeten Modelle werden mit MEZ Perlgarn 3, MEZ Perlgarn 5 und MEZ Vierfach-Stickgarn 16 auf Handarbeitsstoff mit 87 doppelten Gewebefäden auf 10 cm wie zum Beispiel »Oslo« Art. 3947, 100% Baumwolle, 170 cm breit, oder auf Handarbeitsstoff mit 71 Gewebefäden auf 10 cm wie zum Beispiel »Davosa« Art. 3770, 100% Baumwolle, 140 cm breit gearbeitet.
Die angegebenen Stickgarne und Stoffe sind im Fachhandel oder in den Spezialabteilungen der Warenhäuser erhältlich.

Anordnungsskizze

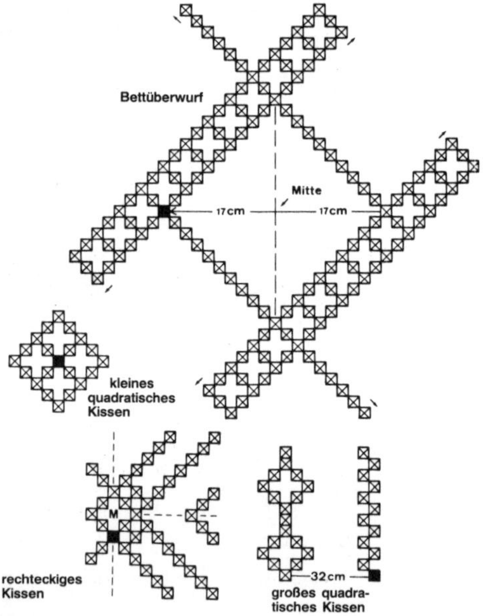

Allgemeine Hinweise:
Die Stickereien werden nach den entsprechenden Schemazeichnungen ausgeführt. Jeder Strich des gezeichneten Gittergrundes stellt einen Gewebefaden oder einen Gewebe-Doppelfaden (Handarbeitsstoff »Oslo«) dar; die Stickgarnfäden sind nur der Deutlichkeit

halber unterschiedlich gezeichnet. Zuerst wird immer der Plattstich gestickt, erst dann werden die Gewebefäden, die herausgezogen werden, dicht am Plattstichrand mit einer spitzen Schere abgeschnitten. Die entstandenen Endenstege werden durch Umstopfen oder Umwickeln gesichert. Das ist in den dazugehörenden Arbeitsproben erklärt. Die Anfangs- und Endfäden bei den Stopf- und Wickelarbeiten werden jeweils unter dem Plattstichmuster vernäht. Die Schemazeichnungen zeigen nur Ausschnitte der Stickerei, sie müssen beim Sticken mustergemäß ergänzt werden.

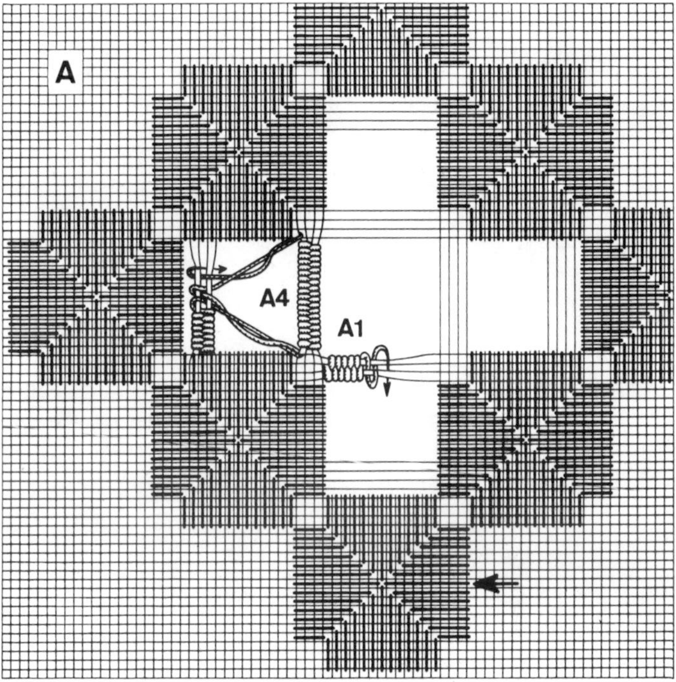

Arbeitsgänge zur Spinne A
Die Gewebefäden wie gezeichnet abschneiden.

Arbeitsgang A 1: Die inneren Fadenstege durch Umstopfen bis zur Mitte des 3. Fadensteges sichern.

Arbeitsgang A 2: Von der Mitte des 3. Fadensteges aus den Faden zur Mitte des gegenüberliegenden (schon umstopften) Steges spannen, von oben in der Mitte einstechen, und beim Zurückgehen

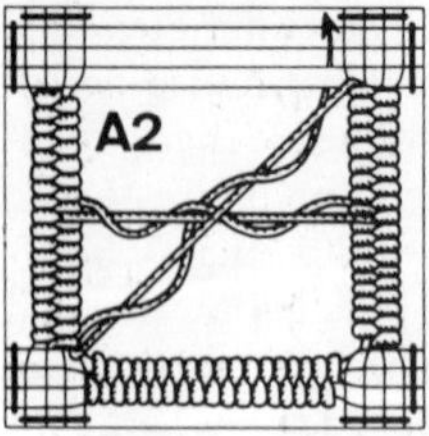

zweimal umwickeln. Den 3. Steg fertig umstopfen, in der Ecke zwischen dem 1. und 2. Fadenkreuz ausstechen, Faden zur gegenüberliegenden Ecke spannen und beim Zurückgehen ebenfalls zweimal umwickeln. Von der Mitte des letzten Steges und von der letzten Ecke aus noch weitere Fäden spannen und umwickeln wie oben beschrieben.

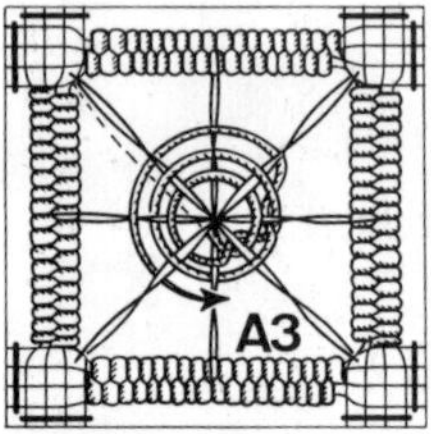

Arbeitsgang A 3: Von der Ecke aus unter einem gespannten Faden zur Mitte gehen (siehe gestrichelte Linie), und durch Stopfen um den Mittelpunkt eine Spinne bilden. Am Ende jeder Runde wird um den ersten Stich vom Rundenanfang gestochen und die nächste Runde versetzt zur letzten gearbeitet, bis etwa 2/3 des Quadrates ausgefüllt sind. Zum Verstechen geht man unter einem gespannten Faden zurück in eine Ecke.

Arbeitsgang A 4: Die äußeren Fadenstege ebenfalls durch Stopfen sichern; jeweils von der Mitte aus zu den entsprechenden Ecken den Faden spannen, und beim Zurückgehen einmal umwickeln. Die Fäden in der Mitte des Steges dicht zusammenschieben, und den Steg fertigstopfen.

Bettüberwurf

Fertige Größe: ca. 155×200 cm.

Material: MEZ ⚓ Perlgarn 5, 24 Strg. Altrosé, Farbe 969 für den Plattstich, 8 Strg. Opal, Farbe 968 für die Stege und Spinnen.
Stoffzuschnitt: 220 cm Handarbeitsstoff »Oslo«, 170 cm breit, Altrosé, Farbe 448.
Zum Abfüttern: 220 cm Unterdeckenstoff »Salamanca« 180 cm breit, farbecht – pflegeleicht, 70% Viskose, 30% Baumwolle, Ton in Ton zum Bettüberwurf oder in einer Kontrastfarbe;
Oder für einen Hohlsaum 1 Strg. **MEZ ⚓ Vierfach-Stickgarn 16,** Altrosé, Farbe 969; Sticknadeln Nr. 20 und 24 ohne Spitze.

Man markiert die Mitte des Stoffzuschnittes mit einem kontrastfarbenen Faden und mißt davon nach einer Seite in der Breite 17 cm. Dies ist der Ausgangspunkt der Stickerei; siehe auch Pfeil in der Schemazeichnung A und Anordnung zum Bettüberwurf. Die erste zu stickende Plattstichgruppe (= 1 Würfel) ist in der Anordnungsskizze schwarz gezeichnet. Von diesem Würfel aus arbeitet man die Stickerei wie die Anordnungsskizze es zeigt. Dabei müssen die Borten bis je ca. 10 cm vom Stoffrand entfernt verlängert werden. Die Würfel werden mit Altrosé 969 nach der Schemazeichnung A, die Stege und Spinnen mit Opal 968 nach den Arbeitsproben A 1–A 4 gestickt. Nach dem Sticken verstützt man die Decke in entsprechender Größe mit dem Unterdeckenstoff »Salamanca«, oder man zieht je den 5. Gewebefaden von den breiten Borten entfernt heraus und legt einen 3 cm breiten, doppelten Saum, den man mit Hohlnahtstichen hält, die je 2 Gewebefäden bündeln.

Quadratisches Kissen

Fertige Größe: ca. 40×40 cm.

Material: 1 Strg. MEZ ⚓ **Perlgarn 5** Altrosé, Farbe 969; 1 Strg. MEZ ⚓ **Vierfach-Stickgarn 16,** Altrosé, Farbe 969.
Stoffzuschnitt: 45×85 cm Handarbeitsstoff »Oslo«, Farbe Rosa 414; Sticknadeln Nr. 20 und 24 ohne Spitze; 1 Kissenpolster, und zum Nähen MEZ ⚓**-Garn,** Langfaser-Kernzwirn.

Die Stickerei wird in der unteren linken Hälfte des Kissens ausgeführt, siehe Anordnungsskizze. Die Mitte der mittleren Plattstichgruppe (in der Anordnungsskizze schwarz) ist ca. 14 cm von der linken und von der unteren Stoffkante entfernt. Von dieser Stelle aus stickt man anhand der Anordnungsskizze den Plattstich mit Perlgarn 5 nach der Schemazeichnung **A** und die Stege und Spinnen mit Vierfach-Stickgarn 16 nach den Arbeitsproben **A 1–A 4.** Nach dem Sticken näht man die Kissenhülle, Nahtbreite ca. 2,5 cm.

Kreuzstichstickerei

Die Kreuzstichstickerei hat sich wahrscheinlich von Byzanz aus über Europa und den Orient verbreitet und in den einzelnen Kulturkreisen für die jeweilige Region typische Musterbilder in bezug auf Farbwahl, Ornamentik oder Verbindung des Kreuzstiches mit anderen Sticharten entwickelt. Die *Graubündener* und die *Sieben-*

bürger Kreuzstichstickerei brachten besonders schöne Muster hervor. Der Kreuzstich gehört zu den beliebtesten Stichen und läßt sich zu einfarbigen oder mehrfarbigen Borten und Musterflächen zusammenstellen.

EINSEITIGER KREUZSTICH

Bei dieser Art der Kreuzstichstickerei erscheint das für diese Technik typische Kreuz nur auf der Vorderseite des Stoffes. Sie ist die einfachste und am häufigsten gewählte Art.

GLEICHSEITIGER KREUZSTICH

Hierbei entsteht das Kreuz auf beiden Stoffseiten. Die Technik gestaltet sich bedeutend schwieriger, und das Sticken eines Musters erfordert hohe Konzentration. Die bekanntesten Arten, den gleichseitigen Kreuzstich herzustellen, sind der *Wiener Kreuzstich*, der *kroatische Kreuzstich* und der *Gitterkreuzstich*. Wir befassen uns hier ausschließlich mit dem gebräuchlicheren, dem *einseitigen Kreuzstich*. Diese Stickart ist an die Struktur des Stoffgewebes gebunden, und sie wird nach Zählmustern gearbeitet. Vorlagen, bei denen das Muster auf ein beliebiges Gewebe aufgedruckt und ohne Beachtung der Fadenrichtung gestickt wird, sind nicht material- und werkgerecht, wenn auch solche Produkte häufig angeboten werden, sogar in Handarbeitsgeschäften. Echte Kreuzstichmuster sind, der quadratischen Art des Stiches gemäß, geometrisch stilisiert und haben dadurch ein sehr charakteristisches Stickbild. Wichtig ist beim Kreuzstich, daß der Deckstich immer in der gleichen Richtung gearbeitet wird; sonst ergibt sich ein unregelmäßiges Musterbild. Es gibt bei der Kreuzstichstickerei zwei Arten, das Muster entstehen zu lassen:

Die positive Kreuzstichstickerei

Sie wird häufig angewandt. Durch die Kreuzstiche selbst wird das gewünschte Muster erstellt.

Die negative Kreuzstichstickerei

Sie ist schon seit Jahrhunderten vor allem in Umbrien üblich. Das Muster entsteht durch Aussparen der darzustellenden Umrisse die nur durch den bestickten Hintergrund hervortreten.

Abb. 50: *Positive und negative Kreuzstichstickerei*

Zählmuster

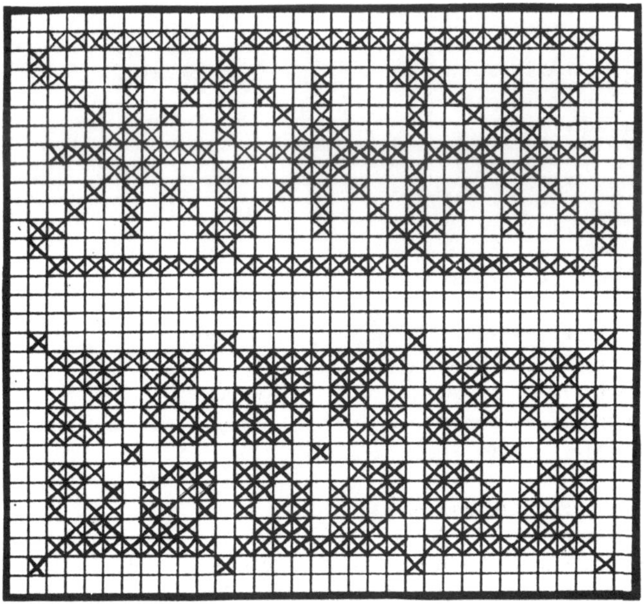

Die Assisistickerei

... ist eine besondere Form der negativen Kreuzstichstickerei. Der Name rührt wohl daher, daß diese Technik vor allem zur Zeit und in der Heimatstadt des heiligen Franziskus gebräuchlich war. Sie verbindet Kreuz- und Linienstichstickerei. Meist werden stilisierte Figuren auf hellem Grund mit dunklen Konturen umrandet.

Einen Eindruck von einem Assisimuster vermittelt die folgende Musterzeichnung:

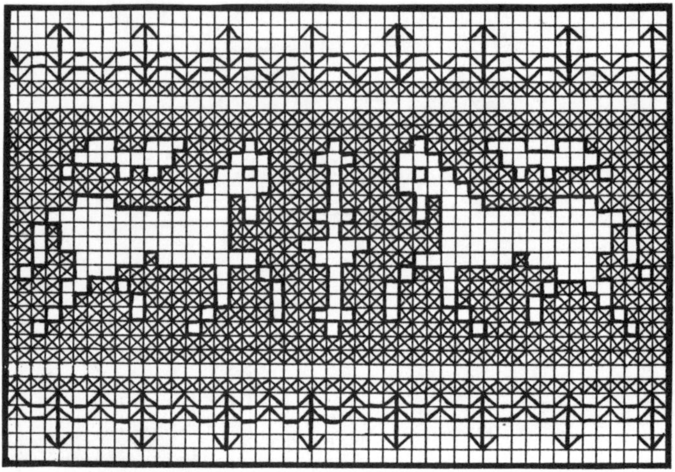

Typisches Assisimuster

Ein Assisimuster wird in drei Arbeitsgängen gestickt:

1 Die Umrisse der Musterdarstellungen werden im Linienstich nach Zählmuster gestickt.

2 Der Hintergrund wird mit Kreuzstich ausgeführt, so daß das Muster aus der Fläche heraustritt.

3 Die Ränder werden mit Kreuz- oder Linienstich vervollständigt.

Zur *Eckbildung* bei Kreuzstichmustern siehe Abbildung 51.

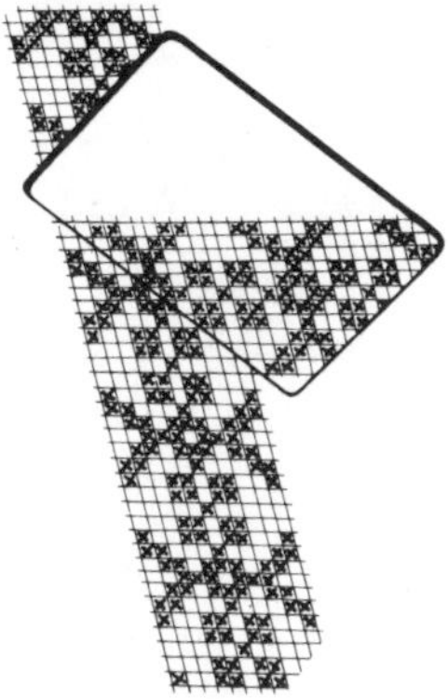

Diese *Eckbildung* ist mit Hilfe eines ungerahmten Spiegels sehr einfach. Er wird schräg auf die Borte gestellt, so daß eine rechtwinklige Ecke im Spiegel zu sehen ist. Durch langsames Weiterrücken kann die geeignete Ecke ausgewählt und die Diagonale mit Stecknadeln markiert werden. Bei einem Zählmuster wird entlang des Spiegels eine schräge Linie gezogen. Diese Eckbildung wird auf Karopapier übertragen.

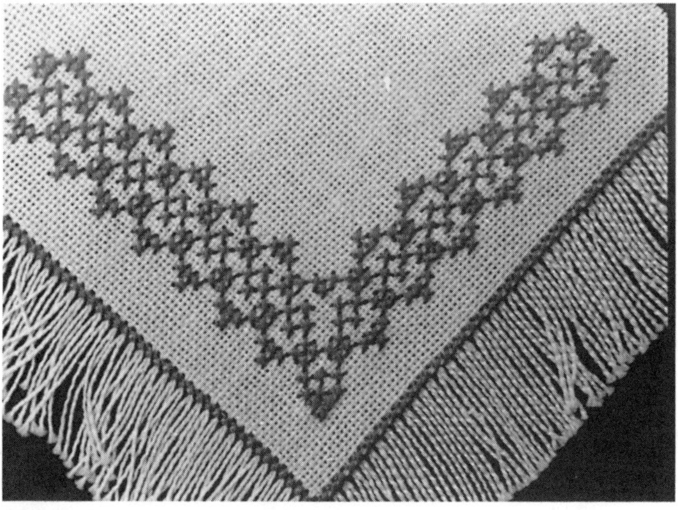

Abb. 51: *Eckbildung bei Kreuzstichmustern*

Zählmuster zu Abb. 51

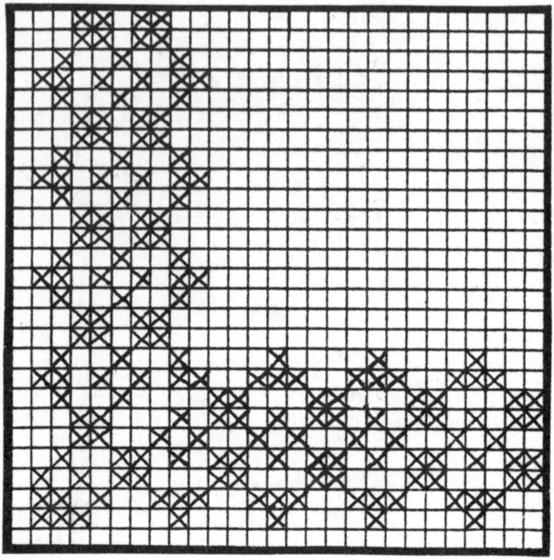

EINIGE KREUZSTICHMUSTER UND -KANTEN MIT ZUGEHÖRIGEN ZÄHLMUSTERN

Abb. 52: *Kreuzstichborte als Kantenmuster*

Zählmuster zu Abb. 52

Zeichenerklärung:

= schwarz
= rot
= blau
= grün
= gelb
= schwarzer Linienstich

Abb. 53: *Jugoslawisches Kreuzstichmuster mit Linienstichstickerei, Gesamtansicht*

Zählmuster zu Abb. 53, unterer Teil

Zeichenerklärung:
■ = schwarz ☒ = rot ⊡ = gelb ◙ = grün ◙ = blau

Zählmuster zu Abb. 53, oberer Teil

Zeichenerklärung:

■ = schwarz
☒ = rot
⊡ = blau
◘ = grün
◻ = gelb
⅃ = schwarzer Linienstrich

Mustertuch mit Kreuzstichmustern

(siehe Farbtafel gegenüber Seite 97)
Material: MEZ ⚓-Stickgarne in den Farben mit 148 Marine, 897 Altrot, 358 Nougat, 892 Blaßrosa, 302 Mais, 872 Aubergine hell, 129 Azurblau, 978 Stahlblau, 878 Efeu, 875 Grünspan, 895 Granat hell, 43 Rubinrot, 869 Blaßviolett, 1 Hochweiß und 2 Fäden Sticktwist, Farbe 872 Aubergine hell + 1 Faden Metallstickgarn Silber.

Das Stickmustertuch wird mit 3fädigem MEZ ⚓ Sticktwist und einer Sticknadel ohne Spitze Nr. 24 gearbeitet. Für die Umrandung des graugrundigen Tuches versticken Sie 2 Fäden MEZ ⚓ Sticktwist und 1 Faden Metallstickgarn zusammen. Von der mit ✻ gekennzeichneten Farbe benötigen Sie 2 Strg., von den übrigen Farben je 1 Strg. MEZ ⚓ Sticktwist sowie 1 Spule Metallstickgarn Silber. Beide Tücher sind auf dem Handarbeitsstoff »Lugana« Art. Nr. 3835, 140 cm breit, Farbe 713 Grau bzw. 100 Weiß (10 Gewebefäden = ca. 1 cm) von Zweigart & Sawitzki gearbeitet. Die Stickerei ohne Namen (Titelseite) ist im Original 28,5×34 cm groß. Je nachdem, wie Sie das Mustertuch abändern oder ausfertigen, berechnen Sie Ihren Stoffzuschnitt.

Jedes Karo des gezeichneten Gittergrundes stellt zwei Gewebefäden in Höhe und Breite dar, und jedes Zeichen bedeutet einen Kreuzstich; Farben und Zeichen siehe Zeichenerklärung (S. 90). Die eingezeichneten starken Linien zeigen die Steppstiche, die über 2 Gewebefäden oder 2 Gewebefadenkreuze in folgender Farbverteilung gestickt werden: »Vogelbeine«-302 (297), »Münder«-43 (335). Die Augen werden jeweils durch einen starken Punkt im Zählmuster angegeben und mit Farbe 148 (164) als 1 Knötchenstich gearbeitet. Die Angaben vor den Klammern gelten für ein graugrundiges, die Angaben in den Klammern für ein weißgrundiges Stickmustertuch.
Die Mustertücher sollen Ihnen eine Anregung geben. Sie können die Motive auch nach Ihrem Geschmack anordnen, Namen, Daten, Sprüche hinzufügen oder Einzelmotive entnehmen.

Hier noch einige Anwendungsbeispiele für Einzelmotive:

- *Pärchen auf Kaffeewärmern, Topflappen, Sets, Schürzentaschen;*
- *Borten auf Tischdecken, Bekleidung oder als Gardinenabschluß;*
- *Buchstaben auf Spruchbändern oder Kissen, zu Worten angeordnet;*
- *Rosetten auf Broschen;*
- *bestickte Mützchen, Schuhe, Schals und andere Accessoires.*

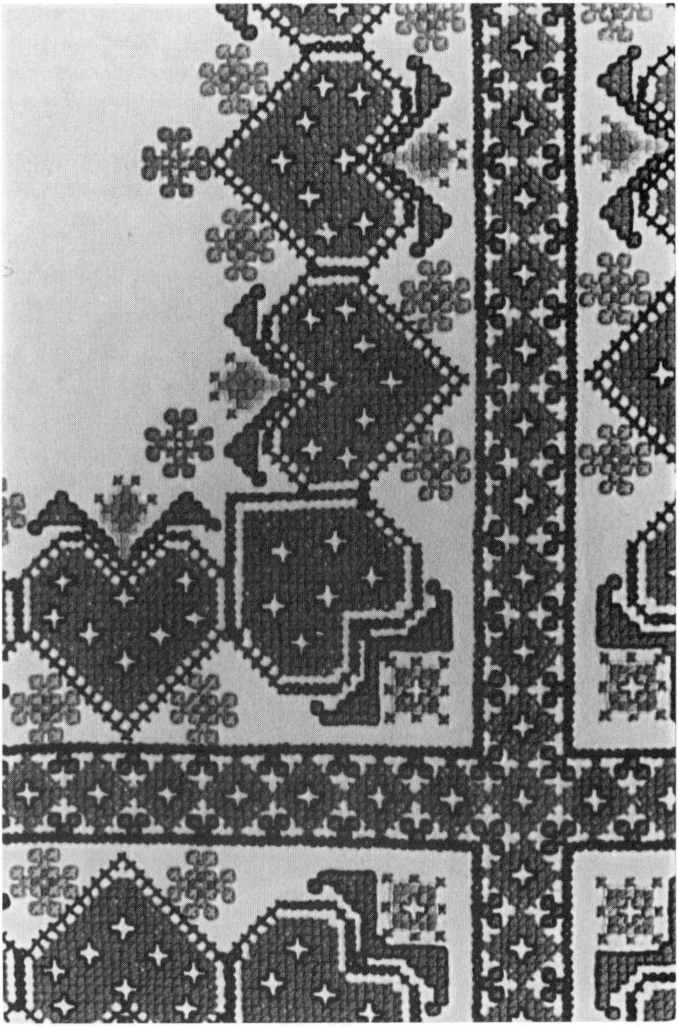

Abb. 54: *Kreuzstichmuster mit Eckbildung, geeignet für eine große Tischdecke*

Zählmuster zu Abbildung 54, siehe Seite 90.

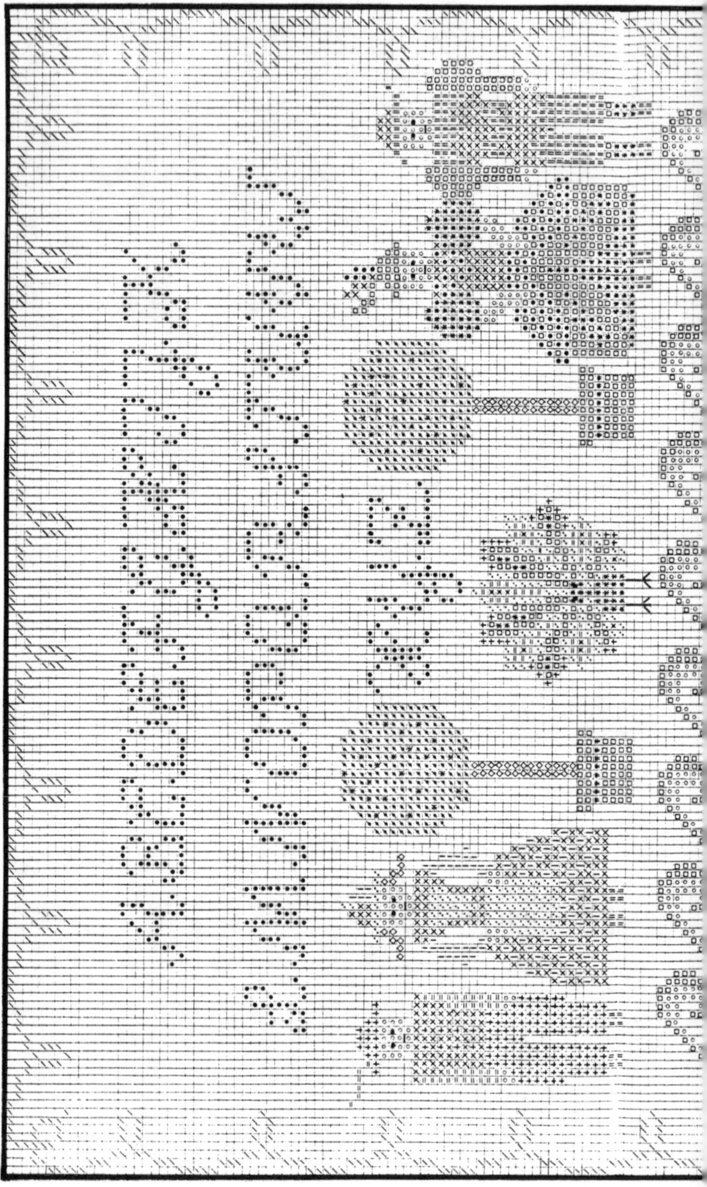

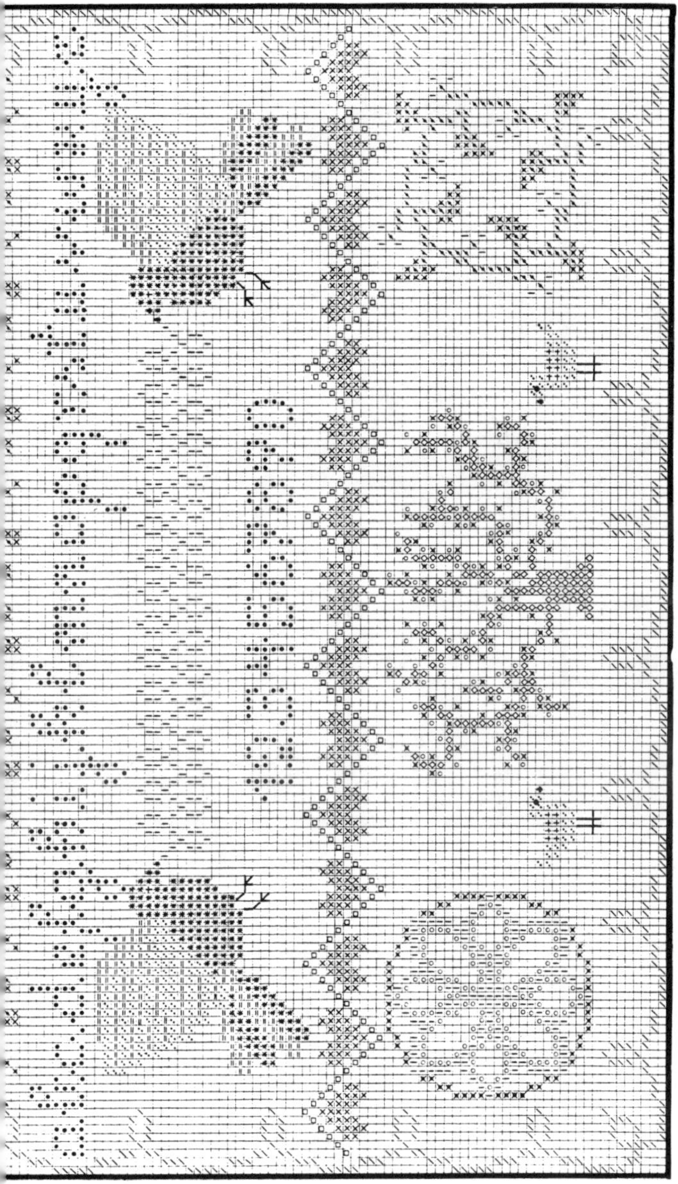

Zählmuster zu Abb. 54

Zeichenerklärung:

- ■ = schwarzer Kreuzstich
- ⊠ = roter Kreuzstich
- ▣ = grüner Kreuzstich
- ◙ = hellblauer Kreuzstich
- ◙ = blauer Kreuzstich
- ⊡ = gelber Kreuzstich
- = schwarzer Linienstich
- = gelber Linienstich
- = roter Linienstich

Vorhänge mit altem Kreuzstichmuster »Granatapfel«

(siehe Farbtafel gegenüber Seite 33, unten)

Material: 5 m Ariosa 3711, Farbe 99, 180 cm breit; ca. 32 Strg. MEZ ⚓ Perlgarn Nr. 5, Farbe 47 (1 Strg. ergibt ca. 25 cm Muster); stumpfe Sticknadeln.

Arbeitsweise: 2 Vorhänge mit Endlänge von ca. 230 cm nähen, Lochsaumbreite 7 cm (Arbeitsweise dazu siehe Seite 42). 10 Fäden vom Lochsaum entfernt in der Ecke (siehe Zählmuster und Abbildung 55) mit dem Sticken beginnen, und die Arbeit dann nach beiden Richtungen fortsetzen.

Abb. 55: *Eckausschnittmuster zu den Vorhängen (Farbtafel gegenüber S. 33, unten)*

Zählmuster zu Abb. 55

Tischläufer mit altem Kreuzstichmuster »Hirsch«

Fertige Größe ca. 51×88 cm.

Material: 27 Strg. MEZ ⚓ Sticktwist, Farbe 47 Kirschrot, 65×100 cm Handarbeitsstoff »Davosa«, Farbe 252 Beige, 1 Knl. MEZ ⚓ Perlgarn 8 Farbe 387 Creme; 1 Sticknadel ohne Spitze Nr. 20.

In Abb. 56 zeigen wir Ihnen stark verkleinert 1/4 des Läufers. Beginnen Sie 7 cm vom rechten und unteren Rand die Stickerei mit der Eckbildung. Zählen Sie nach der Abbildung auf der Vorder-

Abb. 56: *Tischläufer mit altem Kreuzstichmuster »Hirsch«*

seite, indem Sie die Borte mustergemäß ergänzen. Nach Beendigung der Stickerei ziehen Sie den 5. Faden außerhalb der Stickerei heraus und nähen einen 2,5 cm breiten doppelten Hohlsaum.
Wollen Sie einen anderen Stoff verwenden, beachten Sie bitte die Tabelle mit der Stichberechnung auf Seite 96.

Abb. 57: *¼ des Tischläufers*

In der auf Seite 95/96 gezeigten Tabelle sind alle für Sie zum Stikken wichtigen Informationen enthalten. Sie haben somit eine große Stoffauswahl in Qualität und Farben und können sich Tischdecken, Läufer und vieles mehr auf die von Ihnen gewünschten Maße zusammenstellen.
Die angegebene Mustersatzbreite erleichtert Ihnen das Berechnen der Handarbeit. In den Zählmustern ist jeweils 1 Mustersatz eingezeichnet. Der Mustersatz zu den Borten ist gekennzeichnet. Diesen Mustersatz können Sie beliebig oft aneinandersetzen.

Berechnen Sie nun, wie viele Mustersätze Sie innerhalb der Eckbildungen sticken wollen.
Auf Seite 98 sehen Sie an einem Beispiel, wie Sie die Mustersätze für 1 Decke ausrechnen. Wenn Sie nun diese Anzahl der Mustersätze mit dem Garnverbrauch je Mustersatz multiplizieren und je Eckbildung 1mal den Garnverbrauch je Mustersatz dazurechnen, erhalten Sie den Verbrauch für das von Ihnen gewünschte Modell.

Beispiel: Sie sticken je Seite 2 Mustersätze = 8 Mustersätze + 4 Eckbildungen (Ergänzung bis Ecke inbegriffen) = 12 »Mustersätze«.
Der Garnverbrauch je Mustersatz = 40 m. 40×12 = 480 m. Da Sie mit ganzfädigem Sticktwist arbeiten wollen, müssen Sie jetzt nur noch ausrechnen, wie viele Strängchen Sie brauchen. 1 Strg. Sticktwist hat 10 m. 480 : 10 = 48 Strängchen Sticktwist.

- Kaufen Sie nicht zu wenig Garn, falls Sie einmal ein Stück auftrennen müssen. Nehmen Sie lieber 50 Strängchen, und achten Sie darauf, daß alle aus *einer* Farbpartie sind.

Die bestickten Modelle fertigen Sie am besten mit einem doppelten 2,5 oder 3 cm breiten Hohlsaum aus, den Sie mit Vierfach-Stickgarn oder Perlgarn 8 arbeiten.

Tabelle zur Berechnung der Stiche und des Materialverbrauchs für Borte Borte »Pferd« Abb. 58, Borte »Hirsch« Abb. 56

Gewebefäden auf 10 cm	Material	Beispiele für Stoff	Breite cm
Borte »Pferd«, Abb. 58			
71	**100% Baumwolle**	**Davosa**	140
100	100% Leinen	**Dublin**	140
75	100% Leinen	**Cork**	140
120	100% Baumwolle	**Toledo**	170
122	100% Leinen	**Belfast**	140
106	100% Leinen	**Shannon**	170
100	52% Baumw., 48% Viskose	**Lugana**	140
87 Stiche	100% Baumwolle	**Oslo**	170

Mustersatzbreite Stiche	Mustersatzbreite cm	Stickgarn	Garnverbrauch je Mustersatz	Sticknadel ohne Spitze Nr.
110	31,0	**Sticktwist,** ganzer Faden	45 m	20
110	22,0	**Vierfach-Stickgarn 12**	32 m	20
110	29,3	**Sticktwist,** ganzer Faden	40 m	20
110	18,3	**Vierfach-Stickgarn 16**	31 m	20
110	18,0	**Vierfach-Stickgarn 20**	34 m	22
110	20,8	**Vierfach-Stickgarn 20**	31 m	22
110	22,0	**Vierfach-Stickgarn 16**	32 m	20
110	25,3	**Sticktwist,** 4fädig	23 m	22

Gewebefäden auf 10 cm	Material	Beispiele für Stoff	Breite cm
Borte »Hirsch«, Vorderseite, Abb. 56			
71	**100% Baumwolle**	**Davosa**	140
100	100% Leinen	**Dublin**	140
75	100% Leinen	**Cork**	140
120	100% Baumwolle	**Toledo**	170
122	100% Leinen	**Belfast**	140
106	100% Leinen	**Shannon**	170
100	52% Baumw., 48% Viskose	**Lugana**	140
87 Stiche	100% Baumwolle	**Oslo**	170

Mustersatzbreite Stiche	Mustersatzbreite cm	Stickgarn	Garnverbrauch je Mustersatz	Sticknadel ohne Spitze Nr.
133	37,5	**Sticktwist,** ganzer Faden	40 m	20
133	26,6	**Vierfach-Stickgarn 12**	29 m	20
133	35,5	**Sticktwist,** ganzer Faden	37 m	20
133	22,2	**Vierfach-Stickgarn 16**	25 m	20
133	21,8	**Vierfach-Stickgarn 20**	25 m	22
133	25,1	**Vierfach-Stickgarn 20**	29 m	22
133	26,6	**Vierfach-Stickgarn 16**	31 m	20
133	30,5	**Sticktwist,** 4fädig	25 m	22

Oben rechts: Die Arbeitsanleitung zu diesem runden Deckchen in Hardangerstickerei finden Sie auf Seite 69 f.

Oben links: Serviettentasche mit Serviette (Stickanleitung siehe Seite 113 f.)

Unten: Diese grüne Mitteldecke in Durchbruchstickerei strahlt schlichte Eleganz aus (Arbeitsanleitung auf Seite 61 f.)

ABCDEFGHIJK
LMNOPQRSTUVW
XYZ
bcdefghijklmnopqrstuvw
1234567890

Quadratische Tischdecke mit Kreuzstichborte »Pferd«

Größe 140 cm × 140 cm.

***Abb. 58:** Altes Kreuzstichmuster »Pferd«*

Es wird nach Zählmuster gearbeitet; Stoffberechnung, Materialverbrauch siehe Tabelle Seite 95; Stoffeinteilung siehe Schema Seite 98.

Die Arbeitsanleitung zu diesem originellen Mustertuch in Kreuzstichtechnik finden Sie auf Seite 86

Berechnungsbeispiel für eine quadratische Tischdecke
die Zeichnung entspricht einer Seite der Decke

In unserem Beispiel haben wir den Stoff „Cork“ und als dazu passendes Garn **Sticktwist** verwendet.

Abb. 4

Abb. 2

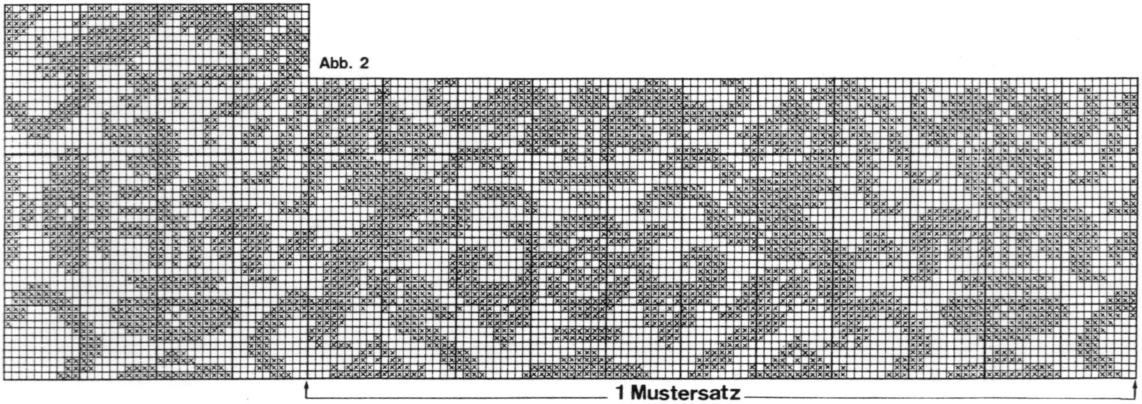

Holbein- oder Linienstichstickerei

Darunter versteht man eine Sticktechnik, bei der das Muster auf beiden Seiten gleich ausfällt und daher beidseitig verwendbar ist. Diese Art der Stickerei ist häufig auf Gewändern und Schleiern von Leuten zu sehen, wie sie der Maler Holbein der Ältere auf seinen Gemälden darstellte. Daher wird sie »Holbeintechnik« genannt, obwohl sie schon lange vor Lebzeiten des berühmten Malers gebräuchlich war.

STICKEREIEN IN HOLBEINTECHNIK

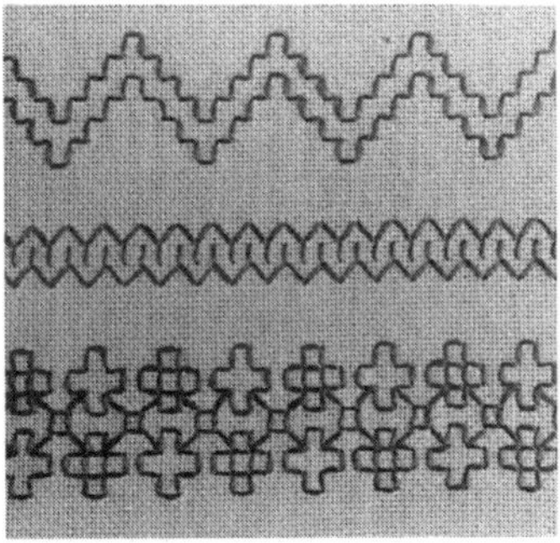

Abb. 59: *Vorderseite*

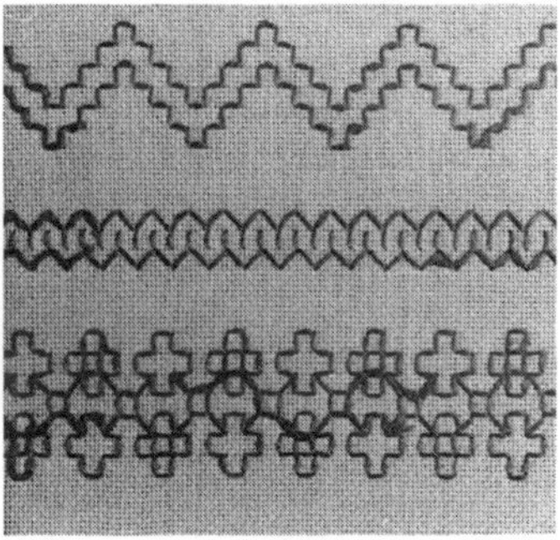

Abb. 60: *Rückseite*

Bei dieser Technik wird zuerst eine Vorstichreihe im gewünschten Muster gestickt, bei der jeweils die gleiche Anzahl von Fäden aufgefaßt und übergangen wird. Dann dreht man die Arbeit um und führt die gleichen Stiche nochmals aus. Dort, wo vorher aufgefaßt wurde, wird nun übergangen usw., so daß durchgehende Linien entstehen, die sich auf Vorder- und Rückseite gleichen. Diese Stikkerei kann sowohl in geraden, wie auch in schrägen oder Zickzack-Linien ausgeführt werden.

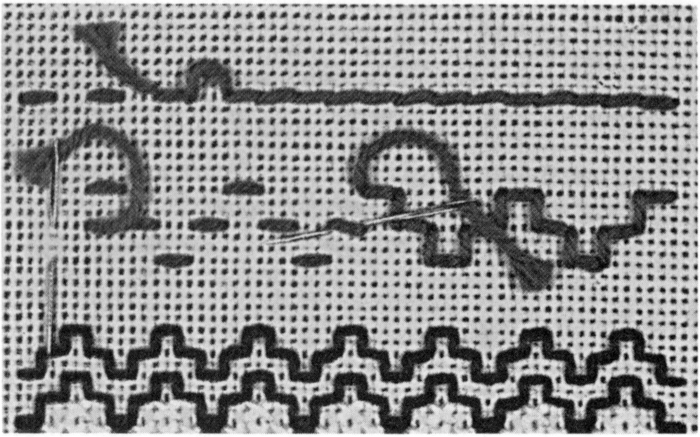

Abb. 61: *Holbeinstich*

Weißstickerei

Kunstvolle Weißstickereiarbeiten, wie sie in früheren Jahrhunderten angefertigt wurden und noch heute in Museen zu besichtigen sind, nimmt sich heute kaum noch jemand vor. Die Technik dieser Stickerei an sich ist aber nach wie vor lebendig und wird häufig auch in der modernen Stickerei eingesetzt, natürlich nicht nur – wie früher – mit weißem Faden, sondern auch mit buntem, nicht nur mit dünnem, sondern auch mit dickerem Garn.
Der Name »Weißstickerei« sagt heute also hauptsächlich etwas über die Sticktechnik aus, weniger über die Farbe des verwendeten Materials.

Als Material für Weißstickereien wurden früher weißes Leinen und weißes Leinengarn verwendet, wodurch diese Stickereien große Haltbarkeit bekamen. Heute nimmt man ebenfalls Leinen, aber auch Halbleinen und nicht zu stark gedrehte Stickgarne, deren Stärke sich nach der Fadenstärke des Gewebes und dem gewünschten Muster richtet. Man braucht eine *spitze Nadel* und arbeitet im Stickrahmen. Für die Lochstickerei benötigt man, um runde Löcher zu erhalten, einen sogenannten *Bindlochstecher,* ein kleines Gerät, das wie eine Aale aussieht, und eine sehr scharfe *Stickschere.* Letztere ist auch bei Langettenstickerei und Richelieustickerei unbedingt erforderlich, damit die Musterformen sauber ausgeschnitten werden können.

Abb. 62: *Lochstickerei*

Abb. 63: *Hochstickereirand an Lochstickerei-Deckchen*

Abb. 64: *Buchstaben in Langettenstickerei, hochgestickt*

Zum großen Gebiet der Weißstickerei gehören die Renaissance- oder Richelieustickerei, die Lochstickerei, die Flachstickerei, die Hochstickerei und die Langettenstickerei. Bis auf die Renaissancestickerei, die an einem eigenen Gegenstand erklärt wird, finden sich die genannten Arten der Weißstickerei auf dem abgebildeten Mustertuch (Abb. 65).

Bei der Weißstickerei finden mehrere Stiche Anwendung. Die wichtigsten sind: der *Stielstich*, der *Schnurstich*, der *Plattstich*, der *Bindlochstich* und der *Langettenstich*.
Gestickt werden stets aufgezeichnete Motive nach vorgegebener oder selbstentworfener Zeichnung.
Damit die Weißstickerei plastisch wirkt, wird jede auszustickende Form ein oder mehrere Male unterlegt.
Zum Unterlegen verwendet man Sticktwist (3fädig), ein weiches, teilbares Garn. Außer den oben erwähnten Utensilien kommt immer ein Stickrahmen zum Einsatz.

Zuerst überträgt man das gewünschte Muster auf den Stoff. Dabei hilft Schneiderkopierpapier, das man in Spezialgeschäften für Mal- und Zeichenbedarf oder in Schnittmusterabteilungen in verschiedenen Farben kaufen kann. Man legt das Kopierpapier mit der beschichteten Seite auf den Stoff, die Musterzeichnung obendrauf, und zeichnet mit einem harten, nicht zu spitzen Bleistift das Muster nach.

Danach spannt man die so vorbereitete Stickerei in den Rahmen ein. (Wer im Zeichnen sehr sicher ist, kann natürlich auch mit dünnem Bleistift und von Hand vorzeichnen.)

Mustertuch in Weißstickerei

Fertige Größe ca. 29×36 cm.

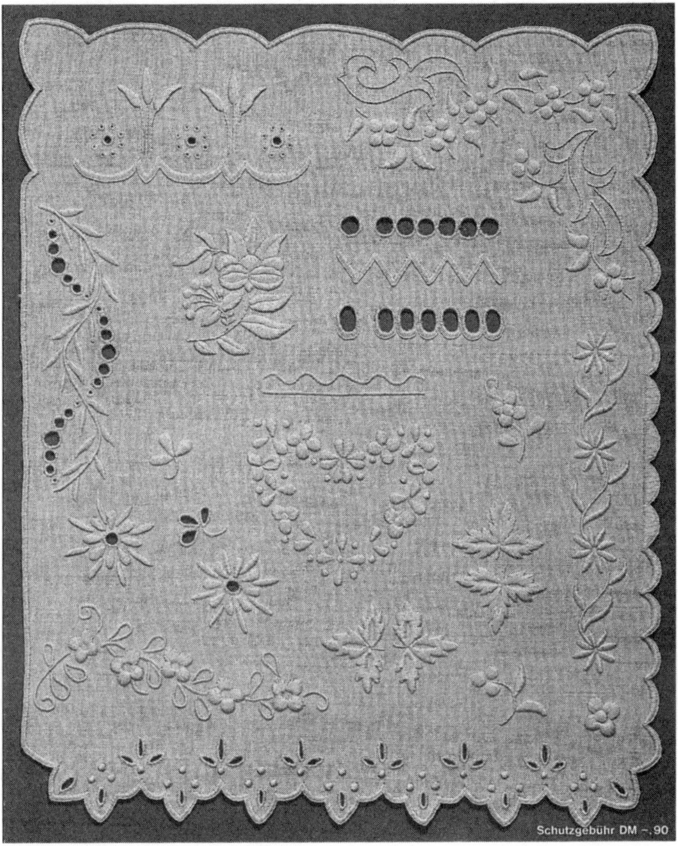

***Abb. 65:** Mustertuch in Weißstickerei*

Material: 8 Strg. MEZ ⚓ **Vierfach-Stickgarn 20,** Farbe 402 Weiß, 3 Strg. MEZ ⚓ **Sticktwist,** Farbe 402 Weiß, 1 Strg. MEZ ⚓ **Mattstickgarn,** Farbe 402 Weiß; Sticknadeln mit Spitze Nr. 24; 1 Sticknadel mit Spitze Nr. 18 für den Einlegefaden; 1 Bindlochstecher; ca. 40×50 cm feines Reinleinen in Pastellfarben oder Weiß.

Mit einem kontrastfarbenen Faden die Größe des Tableaus auf dem Stoffzuschnitt markieren. In diese Fläche die Motive und Borten mit Hilfe der naturgroßen Musterzeichnungen auf den Seiten

108 ff. abbildungsgetreu übertragen. Unterlegt wird mit 3 abgespaltenen Sticktwistfäden, gestickt mit Vierfach-Stickgarn 20. Als Einlegefaden für den Schnurstich wird Mattstickgarn verwendet. Die Stichverteilung ist aus der Abbildung gut zu ersehen. Nach dem Sticken schneidet man den überstehenden Stoff am Langettenrand ab.

Erklärungen zur Arbeitsweise:

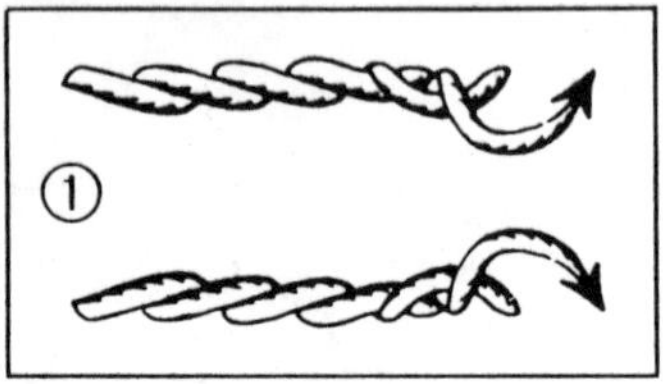

① STIELSTICH

Siehe dazu Beschreibung auf Seite 13.

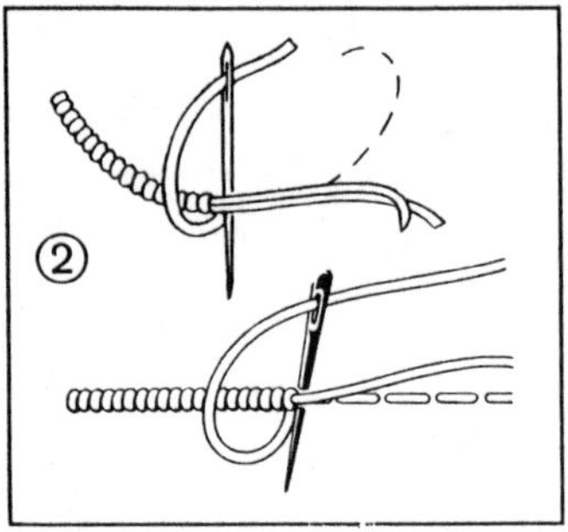

② DER SCHNURSTICH

Er wirkt plastischer als der Stielstich. Kleine senkrechte, dicht nebeneinander liegende Stiche werden über einen oder zwei mitgeführte Fäden gestickt; dabei wird nur ganz wenig Stoff erfaßt. Als Einlegefaden verwendet man Mattstickgarn. Der Einlegefaden wird auf die linke Seite gezogen und mit einigen Stichen vernäht.

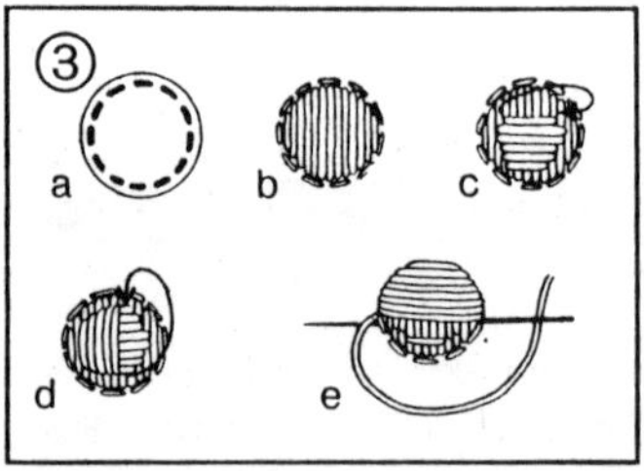

③ DIE PUNKTFORMEN

Sie werden »hoch« gestickt. Die Form zuerst dicht innerhalb des gezeichneten Kreises mit Vorstichen umranden (a). Mit Spannstichen lagenweise unterlegen (b–d) und in entgegengesetzter Stichlage zum letzten Unterlegen mit *Plattstich* (Seite 14) übersticken (e). Man beginnt mit dem Übersticken in der Mitte des Punktes und arbeitet nach beiden Seiten.

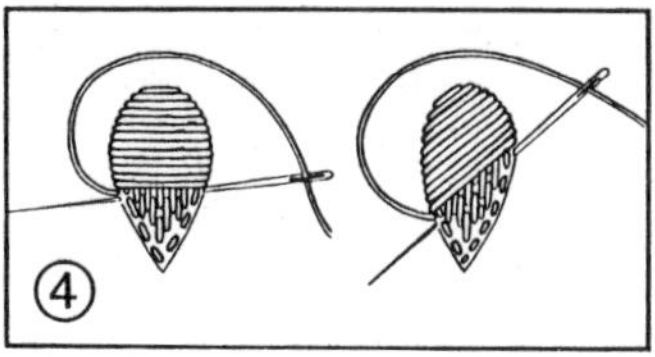

④ EINFACHE BLATTFORMEN

Mit *Vorstichen* (Seite 9 f.) umranden, mit Spannstichen unterlegen und waagrecht oder schräg mit *Plattstich* (Seite 14) übersticken.

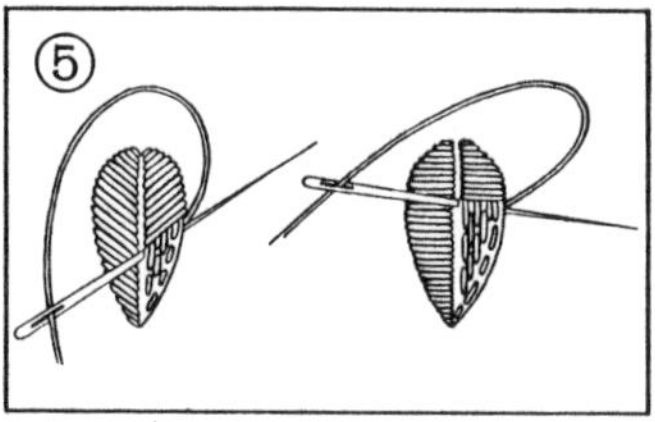

⑤ GETEILTE FORMEN

Sie werden in zwei Arbeitsgängen gestickt. Jede Formhälfte mit *Vorstichen* (Seite 9 f.) umranden und mit Spannstichen unterlegen. Je von außen zur Mitte mit Plattstich übersticken.

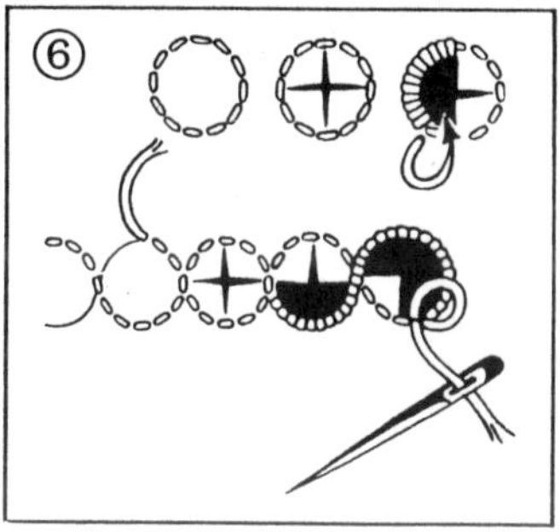

⑥ RUNDE LÖCHER UND LOCHREIHEN

Sie werden mit dem *Bindlochstich* (Abbildung 6) gesichert. Er umfaßt nur den umgebogenen Stoffrand um die Vorstichreihe und wird dicht an dicht gestochen. Die Einschnitte erfolgen jeweils fadengerade. Bei sehr kleinen Löchern braucht der Stoff nicht eingeschnitten zu werden; man sticht nur mit dem Bindlochstecher vor. Außerdem kann man mit dem Bindlochstecher dem Loch eine bessere Rundung geben. Zusammenhängende Lochreihen werden in hin- und hergehender Richtung gearbeitet. Den Arbeitsfaden vernäht man auf der Rückseite unter dem Bindlochstich und schneidet die überstehenden Stoffränder ab. Schmale, längliche Löcher werden nur längs eingeschnitten.

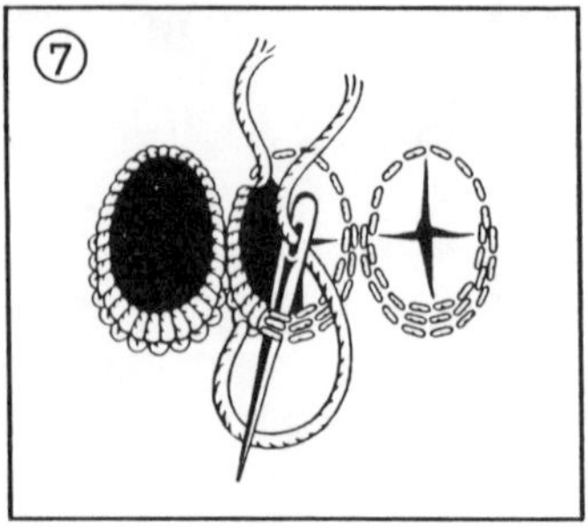

⑦ SCHATTENLÖCHER

Sie haben verschieden breit überstickte Ränder. Der breitere Rand wird innerhalb der Vorstichreihen mit *Vor- oder auch Kettenstich* (Seite 9 f., 24 f.) unterlegt. Dann stickt man in stufenlosem Übergang den schmalen Rand mit *Bindloch-* (Seite 105) und den breiten Rand mit *Langettenstich* (Seite 107) aus.

⑧–⑫ Langettenstich, Beschreibung siehe Seite 107, unten.

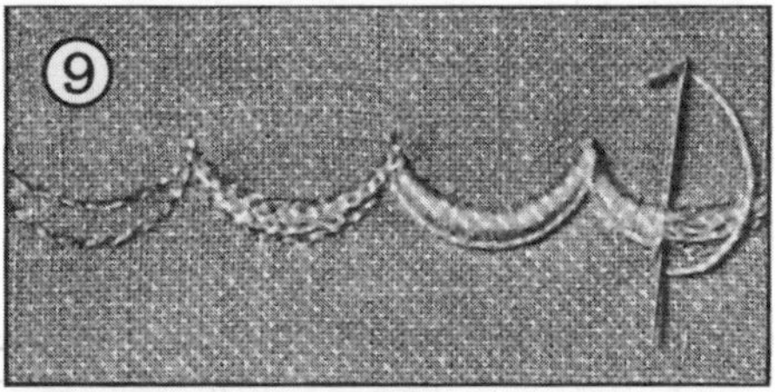

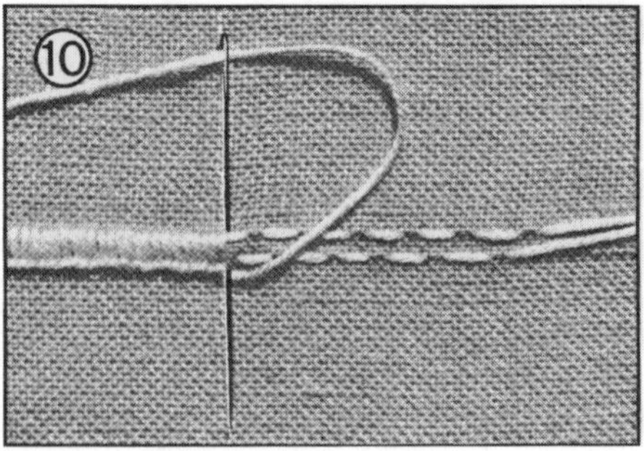

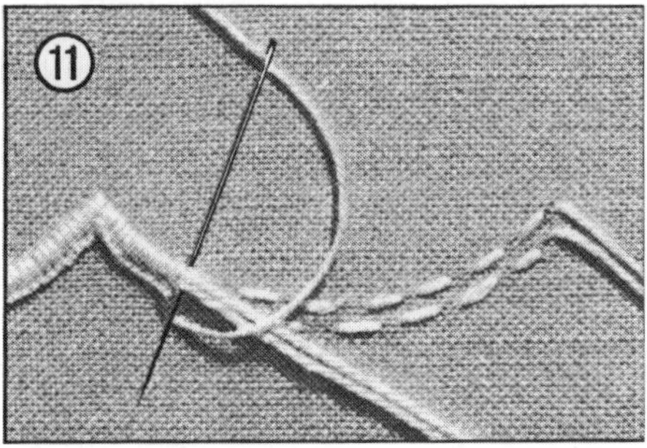

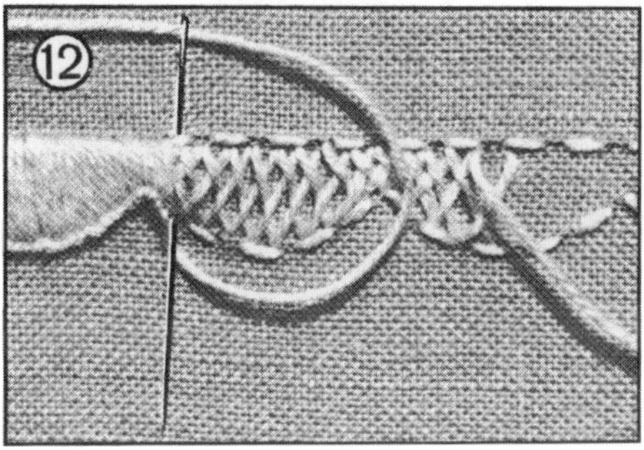

⑧–⑫ DER LANGETTENSTICH

Er wird auch Feston- oder Schlingstich genannt (vergleiche dazu Seite 35) und wird über 2 parallel zueinanderliegende Linien oder über spitz zulaufende Bogen gestickt. Solche Bogen erhält man mit Geldstücken (Nummer ⑧); für breitere Bogen können auch größere Geldstücke, kleinere Gläser oder Schablonen verwendet werden. Die Bogen werden mit Vorstichen nachgezogen, mit Vorstichen oder Kettenstichen ausgefüllt (unterlegt) und mit Langettenstich dicht überstickt, wie es Nummer ⑨ zeigt. Der Langettenstich wird stets von links nach rechts gearbeitet. Bei schmalen Rändern genügt es, nur über die Musterlinien (Nummer ⑩) oder über zwei mitlaufende Fäden zu sticken (Nummer ⑪). Breitere Bogenränder werden mit Hexenstich (siehe auch Seite 21 f.) unterlegt (Nummer ⑫). Nach dem Sticken schneidet man den Stoff dicht an den Knötchen der Langette ab.

4
Ecke

Renaissance- und Richelieu-Stickerei

Diese Techniken sind Teilgebiete der *Ausschnittstickerei,* die wiederum zur Weißstickerei gehört. Werden bei dieser Arbeit die Verbindungsstege *mit Ösen,* das sind kleine, umwickelte Schlingen, versehen, so handelt es sich um die Richelieu-Stickerei, ohne Ösen bezeichnet man das Werk als Renaissance-Stickerei.

Abb. 66: *Decke in Renaissance-Stickerei*

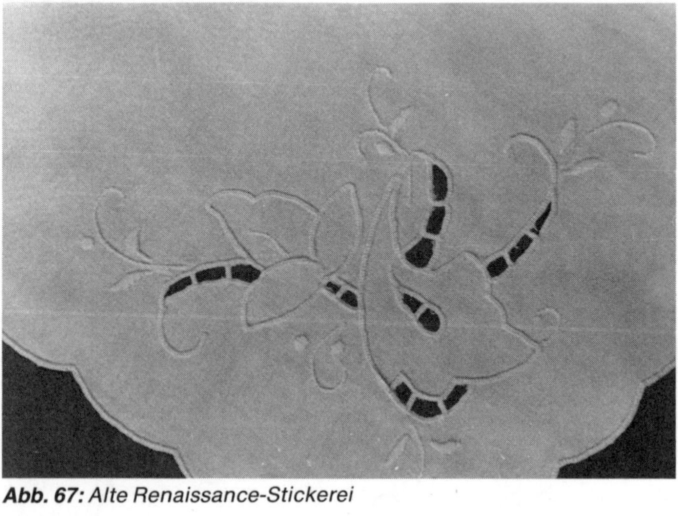

Abb. 67: *Alte Renaissance-Stickerei*

Serviettentasche mit Serviette

Größe der Serviettentasche ca. 12×27 cm. Größe der Serviette ca. 30×30 cm. (Farbabbildung gegenüber Seite 96, oben links)

Material für jedes Teil: je 1 Strg. **MEZ ⚓ Vierfach-Stickgarn 20,** Farbe 969 Altrosé; je 1 Strg. **MEZ ⚓ Sticktwist,** Farbe 969 Altrosé; Sticknadeln Nr. 24 mit Spitze.
Stoffzuschnitt: rosafarbenes feines Reinleinen; für die Serviettentasche: 30×40 cm + 26×30 cm Futterstoff; für die Serviette: 40×40 cm; und zum Nähen **MEZ ⚓ Drima 100.**

Für die Serviettentasche das Motiv viermal mit der geöffneten Blüte zum Stoffrand hin aneinandersetzen, die seitlichen Linien für die Taschenklappe auf ca. 5,5 cm Länge ergänzen und die Zeichnung auf den Stoff übertragen. Nach dem Sticken die Tasche nähen, mit dem Futterstoff verstärken und die Stickerei ausschneiden.
Für die Serviette zeichnet man ein Quadrat von 30×30 cm auf den Stoffzuschnitt, eine zweite Linie im Abstand von ca. 2 mm nach innen und in eine Ecke das Motiv; siehe Zeichnung. Nach dem Sticken wird nur der Rand abgeschnitten.

Arbeitsweise: Der wichtigste Stich ist der *Langettenstich* (siehe Seite 107), der die Ränder sichert. Zusätzlich kann der *Wickel- und Stopfstich* (für die Stege) angewendet werden, sowie zum Auflokkern der Stickerei der *Stielstich* und der *Plattstich*. Zum Sticken nimmt man Vierfach-Stickgarn, das es in verschiedenen Stärken und Farben gibt; zum Unterlegen kann man auch 3–4fädig abgespaltenen Sticktwist verwenden. Gestickt wird auf feines Reinleinen, das gleichmäßig gewebt sein sollte. Als Handwerkszeug dienen Sticknadeln mit Spitze und eine scharfe Stickschere; außerdem Seidenpapier, Bleistift, Maßband und ein Lineal zum Erstellen des originalgroßen Musters. Diese Sticktechnik kann mit oder ohne Rahmen ausgeführt werden.

Zum Arbeiten eines Modelles überträgt man den Ausschnitt des gewünschten Motivs so oft auf Seidenpapier, wie benötigt. Dann zeichnet man die Größe des Modells auf ein entsprechend großes Papier und ordnet darauf die Ausschnitte an. Die Anordnung ist aus der Farbabbildung (S. 96, oben links) zu ersehen oder nach eigenem Wunsch zu gestalten. Zum Übertragen des Musters auf den Stoff benötigt man Schneiderkopierpapier, das man in Spezialgeschäften für Mal- und Zeichenbedarf oder in Schnittmusterabteilungen kaufen kann. Man legt das Kopierpapier mit der beschichteten Seite auf den Stoff, die Musterzeichnung obendrauf und zeichnet mit einem harten, nicht zu spitzen Bleistift das Muster nach.

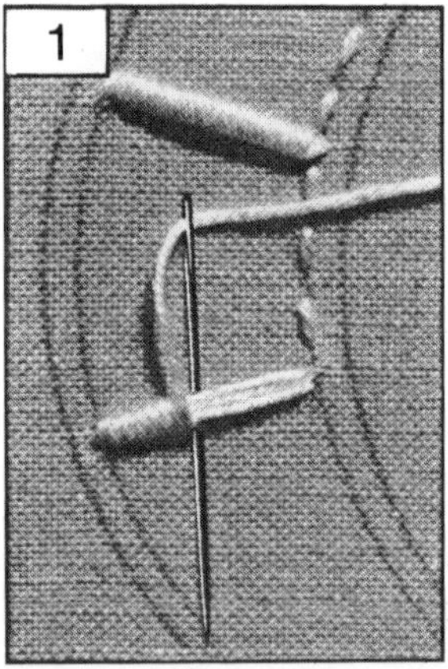

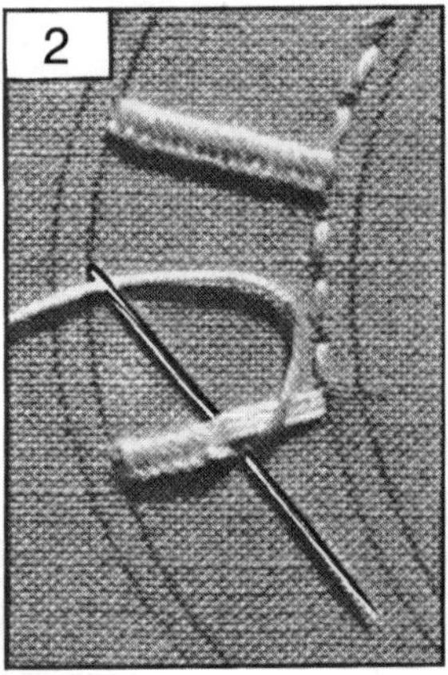

Wickel- und einseitige Langettenstege – Nummern 1 und 2
An den angegebenen Stellen werden für jeden Steg 3 Fäden vorgespannt. Dann überstickt man die Fäden im Wickel- oder Langettenstich; dabei kehrt man zum Ausgangspunkt zurück und geht mit Vorstichen zum nächsten Steg weiter.

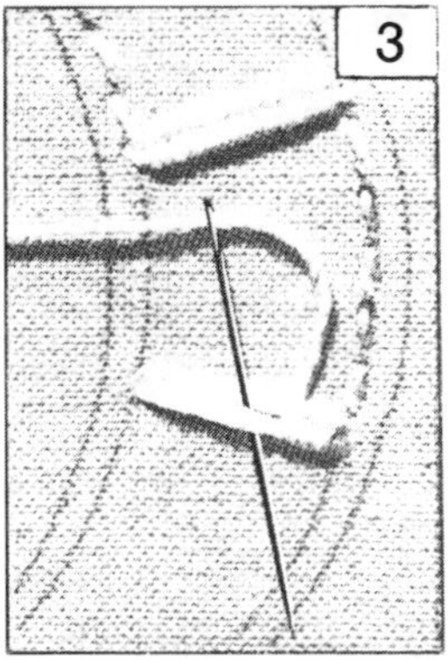

Stopfstege – Nummer 3
Für die Stopfstege spannt man eine gerade Anzahl Fäden. Es werden im Wechsel je 2 von den 4 Fäden umstopft.

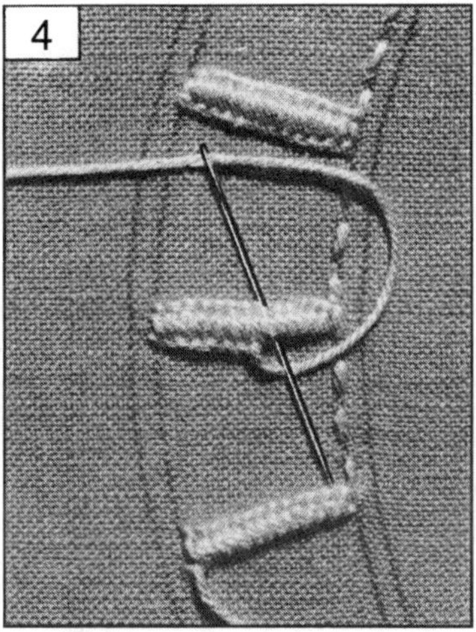

Doppelseitige Langettenstege – Nummer 4
Breitere Stege können mit 2 Reihen Langettenstichen gearbeitet werden. In der 1. Reihe werden die Langettenstiche weitläufiger gestickt, damit man die Stiche der Rückreihe dazwischenarbeiten kann. Um diesen Stegen größere Haltbarkeit zu geben (z. B. Verbindungsstege an den Außenrändern), kann der Stoff mitgefaßt werden.

Übersticken der Musterlinien – Nummern 5–7
Zuerst werden die Musterlinien nachgezogen und alle Stege ausgeführt. *Die geschlossene Kante* des Langettenstiches muß immer auf der Seite liegen, an welcher der Stoff weggeschnitten wird. Soll die Stickerei noch plastischer erscheinen, führt man einen Faden mit, z. B. Sticktwist (wie bei Nummer 2). Beim Übersticken der Musterlinien müssen alle Stege mitgefaßt werden. Linien, die nicht an einer Außenkante liegen, können auch mit Stiel- oder Plattstich (siehe Seite 13, 14) ausgeführt werden (Schemazeichnungen 5–7, siehe Seite 116).

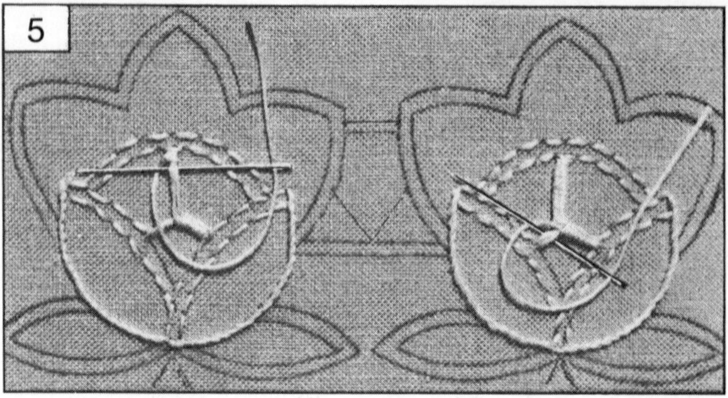
5

6

7

Ausschneiden – Nummer 7
Nach Beendigung der Stickerei wird von links über einem Tuch gebügelt. Mit einer spitzen Schere schneidet man ebenfalls von links den Stoff sorgfältig weg. Die Stickerei darf dabei nicht beschädigt werden! Nummer 7 zeigt die rechte Seite der teilweise bereits ausgeschnittenen Stickerei.

Gobelin- oder Petit-Point-Stickerei

Bei dieser Sticktechnik arbeitet man am besten auf Gewebearten, deren Fäden leicht zu zählen sind, beispielsweise auf leinenbindigen Stoffen oder Straminen oder Aidastoff. Die Stärke des verwendeten Stickgarns richtet sich nach der Dicke der Gewebefäden. Die Stiche müssen, wenn sie unmittelbar nebeneinanderliegen, den Grundstoff vollständig abdecken.

***Abb. 68:** Ausschnitt aus gesticktem Gobelin, in Perlstich gearbeitet*

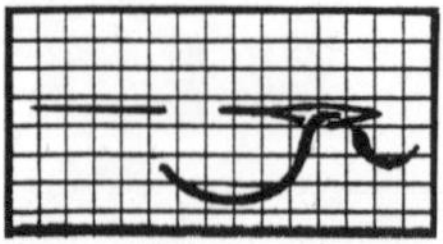

Gobelinstich einfach (halber Kreuzstich)

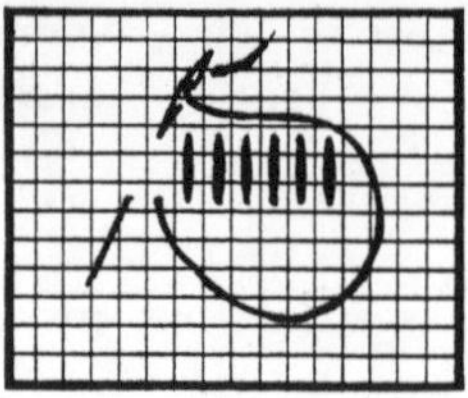

Plattstich

Als Stiche finden vor allem der *einfache Gobelinstich* (ein halber Kreuzstich, über 2 Fadenkreuze gearbeitet) sowie der *Plattstich*, (gerade, schräg, versetzt oder verschieden hoch) Anwendung.
Der Perlstich, auch Petit-Point-Stich genannt, weil mit diesem Stich früher die berühmten Petit-Point-Stickereien (ca. 250–800 Stiche auf 1 cm^2!) angefertigt wurden, fand sich früher nur auf ganz feinen Geweben wie Batist oder Gaze; er mußte mit der Lupe gestickt werden. Es handelt sich bei diesem Stich ebenfalls um einen halben Kreuzstich, allerdings nur über 1 Fadenkreuz. Auf gröberen Geweben wie Stramin oder Aidastoff kommt der Perlstich heute häufiger zur Anwendung.

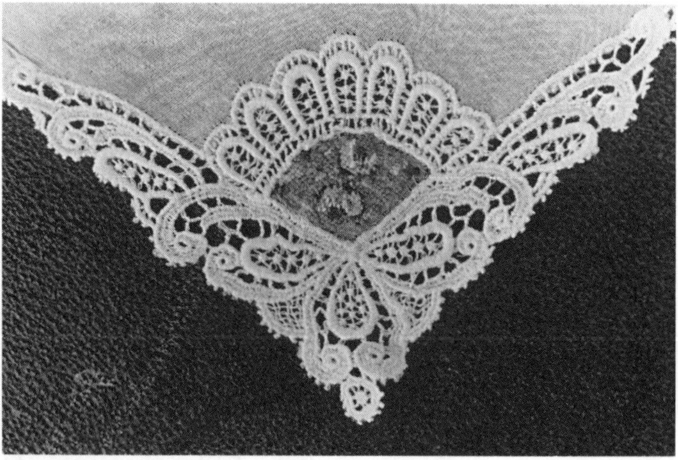

Abb. 69: *Petit-Point-Stickerei auf Batisttaschentuch (nicht sehr sorgfältig ausgeführt)*

Stickbild »Schloß«

Größe 20×20 cm. (Siehe Farbtafel gegenüber Seite 64, oben links)

Material: Für das Gobelinbild benötigen Sie 20×20 cm Stramin Art. Nr. 500/48 (48 Stiche = 10 cm), 60 cm breit, 100% Baumwolle. Dazu MEZ ⚓ **Mattstickgarn** (Mengen und Farben siehe Zeichenerklärung; Bezugsquellennachweis für Stoffe siehe Seite 4).

Sticken nach Werkzeichnung in Gobelinstich (halber Kreuzstich siehe Seite 32 f.). 1 Kästchen des gezeichneten Gittergrundes bedeutet einen halben Kreuzstich.

Zeichenerklärung:			Gobelin (Halbstich) Mattstickgarn
1	▣	927 Hochweiß	2 Strg.
2		128 Aquamarin	2 Strg.
3	▣	169 Pfauenblau	2 Strg.

4	⊡	301 Vanille dunkel	2 Strg.
5	◩	8 Lachsrosa	1 Strg.
6	⊠	47 Kirschrot	1 Strg.
7	⊞	367 Beige braun	3 Strg.
8	▥	371 Rehbraun	2 Strg.
9	◫	369 Zimt	3 Strg.
10	⊟	360 Erdbraun	2 Strg.
11	⊡	261 Schilf	5 Strg.
12	⊠	228 Grün	2 Strg.
13	◪	246 Flaschengrün	2 Strg.
14	▣	258 Birkengrün	1 Strg.

Die Zahlen und Zeichen zeigen Ihnen die Farbverteilung. Die im Karo stärker betonten waagrechten Linien geben die Stichlänge an. Die dicken waagrechten und senkrechten Linien grenzen die unterschiedlichen Farbflächen ein. Die Bedeutung der Zahlen und Zeichen ersehen Sie aus der Zeichenerklärung. Die Bilder können Sie nach dem Sticken entsprechend einrahmen oder nach eigenen Vorstellungen anfertigen.

Stickbild »Sonnen«

Größe ca. 48×58 cm ohne Rahmen. (Farbtafel gegenüber Seite 64, unten)

Material: Perlgarn 3 MEZ ⚓ und zwar 8 Strg. Mais, Farbe 302; 2 Strg. Heugrün, Farbe 216; 8 Strg. Altgold, Farbe 307; 2 Strg. Phlox, Farbe 96; 1 Strg. Kristallblau, Farbe 167; 2 Strg. Henna, Farbe 338; 1 Strg. Kiwi, Farbe 280; 2 Strg. Kardinalrot, Farbe 972; 2 Strg. Kobaltblau, Farbe 147; 2 Strg. Nougat, Farbe 358.

Kelim-Wolle: je 1 Strg. Zitronengelb, Farbe 3419; Gelborange 3262; Himmelblau 3452; Petrol 3058; Graublau 3095; Minze 3140; Moosgrün 3022; Helloliv 3088; Terracotta 3115; Aubergine 3158.

Stoffzuschnitt: 60×70 cm Kongreß-Stoff, gelb (7 Gewebefäden = ca. 1 cm; z. B. Camilla von Zweigart + Sawitzki); Sticknadeln Nr. 18 ohne Spitze.

Man orientiert sich an den Zählmustern. Jeder Strich des gezeichneten Gittergrundes stellt einen Gewebefaden dar. Die eingezeichneten Stickstiche sind nur zum besseren Erkennen zum Teil unterschiedlich stark gezeichnet.

Man zeichnet zuerst ein Gitter von 4×5 Quadraten auf den Stoffzuschnitt, jedes Quadrat muß 84×84 Gewebefäden groß sein. In diese Quadrate zeichnet man – wie in der Einteilungsskizze angegeben – mit Hilfe von Pappschablonen Linien ein. Die Zahlen in der Einteilungsskizze bedeuten die Anzahl von Gewebefäden, die Buchstaben das Stickgarn: K = *Kelim-Wolle,* P = *Perlgarn 3.* Die Anordnung der Motive sowie die Farbeinteilung ist aus der Farbabbildung zu ersehen. Man beginnt mit dem Sticken in der rechten unteren Ecke und arbeitet nach dem jeweiligen Zählmuster. Die Zählmuster zeigen je den Anfang einer Flächenfüllung im Platt- bzw. Klosterstich (siehe Seiten 14, 41). Man beginnt stets am Rand eines Quadrates und arbeitet mustergemäß weiter, bis die Fläche ausgefüllt ist. Zum Schluß dämpft man die Stickerei leicht von links und läßt sie trocknen.

Ausfertigen: Um eine optimale Wirkung des Stickbildes zu erzielen, können Sie es beim Fachmann rahmen lassen oder auch auf ein Brett aufziehen.

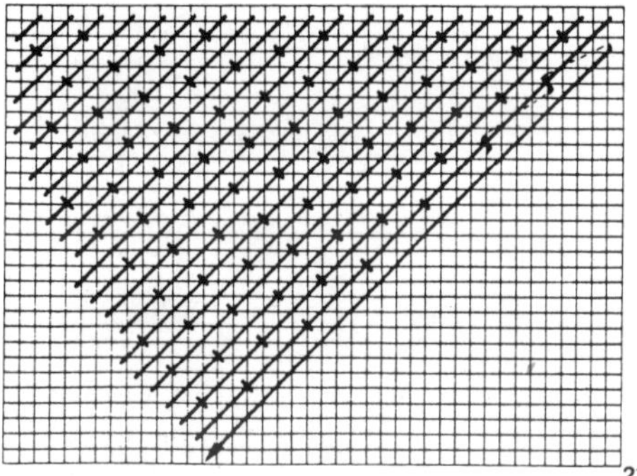

◁ *Zählmuster zur Sonne im Motiv »Sonnenstrahlen«*

Einteilungsskizze ▷

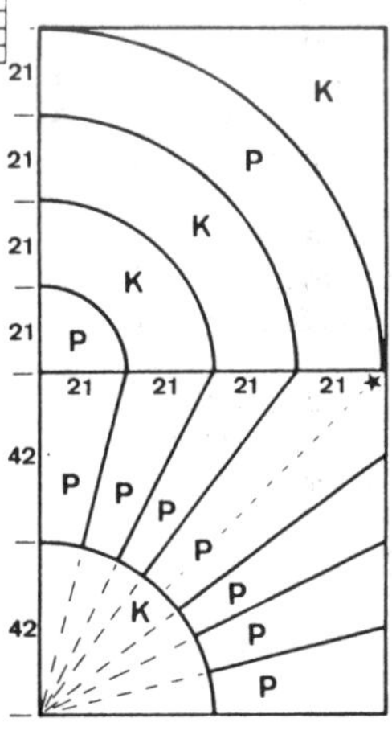

Werkzeichnungen zum Stickbild »Sonnen«

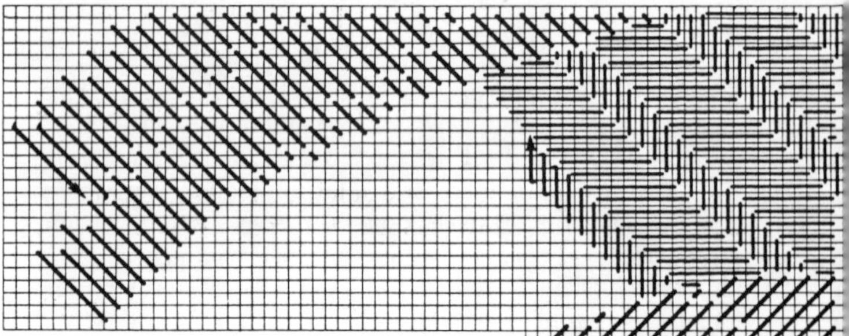

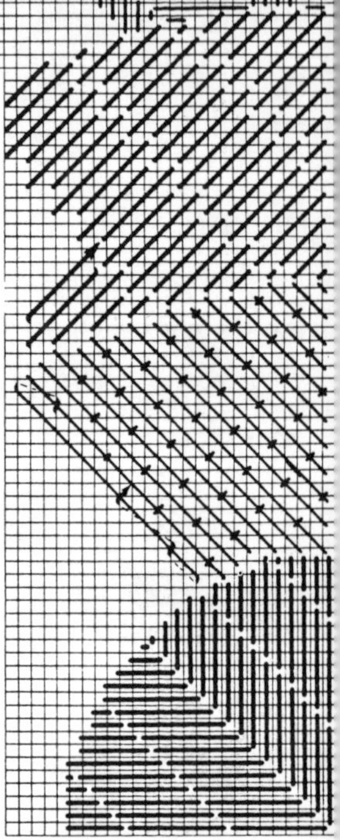

siehe Einteilungsskizze

◁ *Zählmuster zum Motiv »Sonnenstrahlen«*

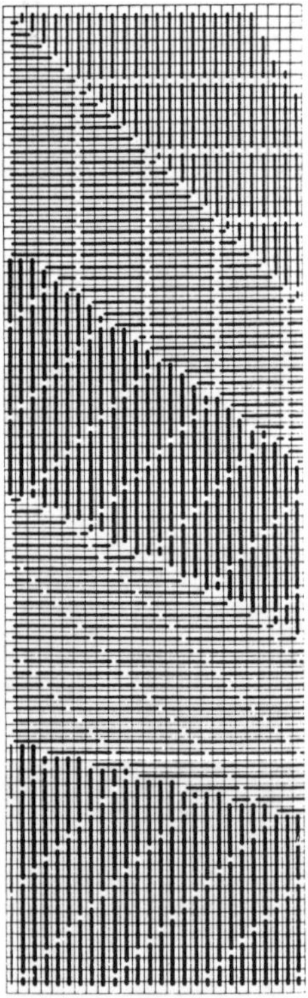

Zählmuster zum Motiv »Bogen«

Nadelmalerei

Mit dieser Sticktechnik werden alle Arten von Textilien, seien es Kleider, Blusen, Tücher, Vorhänge, Kissen oder ähnliche Dinge, verziert. Man stickt vorwiegend Motive aus der Natur, beispielsweise Blumen, Grasrispen oder Schmetterlinge, oder nach Bildvorlagen.

Garn und Stoff müssen in der Stärke aufeinander abgestimmt sein. Zum Beispiel wird für feines Leinen, für Batist oder für Seide Sticktwist genommen.

Der Stoff muß unbedingt in einen Stickrahmen gespannt, die Nadel bei der Arbeit stets genau senkrecht durch den Stoff auf- und abgestochen werden. Die Stiche sollten gleichmäßig nebeneinander, jedoch nicht zu dicht beieinander liegen.

Abb. 70: *Nadelmalerei auf Trachtenspenzer*

FEINE NADELMALEREI

Bei der feinen Nadelmalerei erzielt man einen Schattierungseffekt dadurch, daß die einzelnen Farbtöne ineinander übergreifen. Das erreicht man beispielsweise durch unterschiedlich lange Plattstiche sowie durch Anwendung verschiedener Sticharten wie Stielstich, Steppstich oder Knötchenstich zusätzlich zum Plattstich. Die folgenden Modelle sind Beispiele für feine Nadelmalerei.

Bestickte Gardine

ca. 150 cm breit, 205 cm lang.
(Siehe Farbtafel gegenüber Seite 65).

Material: MEZ ⚓ Sticktwist: 3 Strg. Farbe 856 Braunoliv, 7 Strg. Farbe 842 Linde, 7 Strg. Farbe 859 Estragon, 6 Strg. Farbe 268 Wacholder.
Stoffzuschnitt: 220 cm Gardinenstoff in der Farbe Altrosé, ca. 150–160 cm breit, der sich zum Besticken eignet.

Zuerst überträgt man mit Hilfe von Schneiderkopierpapier das gewünschte Motiv auf den Stoff. Dann spannt man die vorbereitete Stickerei in einen Stickrahmen.
Die Schattierung wird erreicht durch unregelmäßig lange Plattstiche, die ineinandergreifen und so die Farbübergänge verschwimmen lassen. Die Stichrichtung ist in je einem Teil der Motive mit wenigen dünnen Strichen angedeutet. Gestickt werden die Stiche jedoch so dicht, daß eine geschlossene Fläche entsteht und der Stoff ganz bedeckt ist. Die gezeichnete Kontur muß mit überstickt werden, sie darf am fertigen Motiv nicht mehr sichtbar sein. Die Stiche müssen gleichmäßig, aber nicht zu fest angezogen werden. Gestickt wird – wo nichts anderes vermerkt ist – mit 3 abgespaltenen Sticktwistfäden und Sticknadeln Nr. 24 mit Spitze. Das fertig gestickte Motiv wird *im Stickrahmen* von links mit einem leicht angefeuchteten Tuch gedämpft und erst nach völligem Auskühlen ausgespannt. So wird die Stickerei schön plastisch und glatt.

Arbeitsanleitung:
Die linke Efeuranke ist ca. 52 cm (7 Blattpaare), die mittlere ca. 80 cm (11 Blattpaare) und die rechte ca. 108 cm (15 Blattpaare) lang. Alle 3 Ranken beginnen an der oberen Randkante. Die Abstände der Ranken betragen von Stiel zu Stiel ca. 50 cm, vom Stiel zur vorderen beziehungsweise hinteren schon genähten Kante ca. 25 cm. Zum Übertragen der Ranken auf den Stoff fertigt man zu-

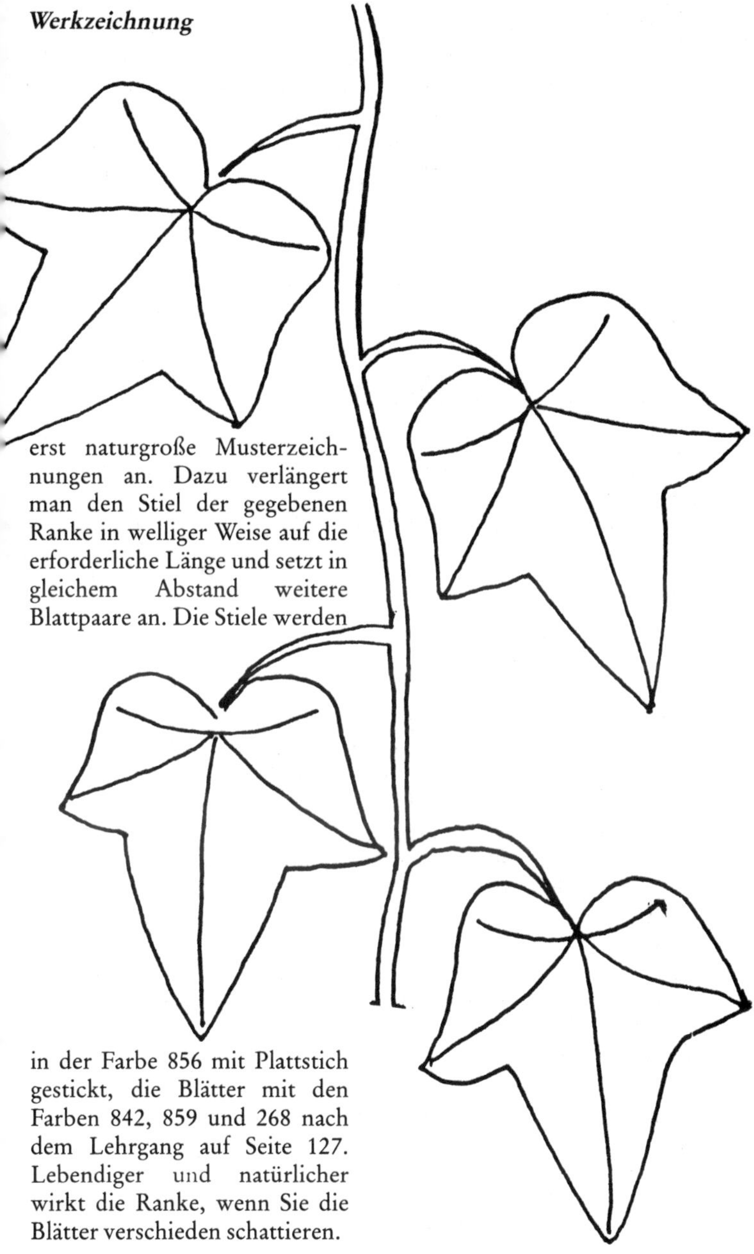

erst naturgroße Musterzeichnungen an. Dazu verlängert man den Stiel der gegebenen Ranke in welliger Weise auf die erforderliche Länge und setzt in gleichem Abstand weitere Blattpaare an. Die Stiele werden in der Farbe 856 mit Plattstich gestickt, die Blätter mit den Farben 842, 859 und 268 nach dem Lehrgang auf Seite 127. Lebendiger und natürlicher wirkt die Ranke, wenn Sie die Blätter verschieden schattieren.

Beide Teile zusammen ergeben Teil einer Ranke. Blattanzahl jeder Ranke, siehe Arbeitsanleitung

LEHRGANG ZUR FEINEN NADELMALEREI AM BEISPIEL »EFEUBLATT«

Die Blätter 1–4 (von oben nach unten) zeigen stufenweise den Arbeitsablauf eines mit drei Grüntönen schattierten Efeublattes.

Blatt 1: Man beginnt mit der hellsten Farbe an einer Ecke des Blattes und stickt vom Außenrand nach innen ungleichmäßig lange Plattstiche jeweils zur Blattrippe hin.

Blatt 2: Die hellste Farbe ist eingestickt. Die mittlere Farbe ergänzt die noch offenen Randstellen und greift dann aus dem gestickten hellen Rand zwischen den Stichen heraus. Die Stiche werden wieder in unregelmäßiger Länge in gleicher Stichrichtung gearbeitet.

Blatt 3: Nun muß die dunkle Farbe den restlichen Raum ausfüllen. Sie sticht aus der mittleren Farbe heraus ebenfalls in ungleicher Länge mit Richtung zu den Blattrippen.

Blatt 4: An das fertige Blatt wird noch der Stiel mit der dunklen Farbe in Plattstich angestickt.

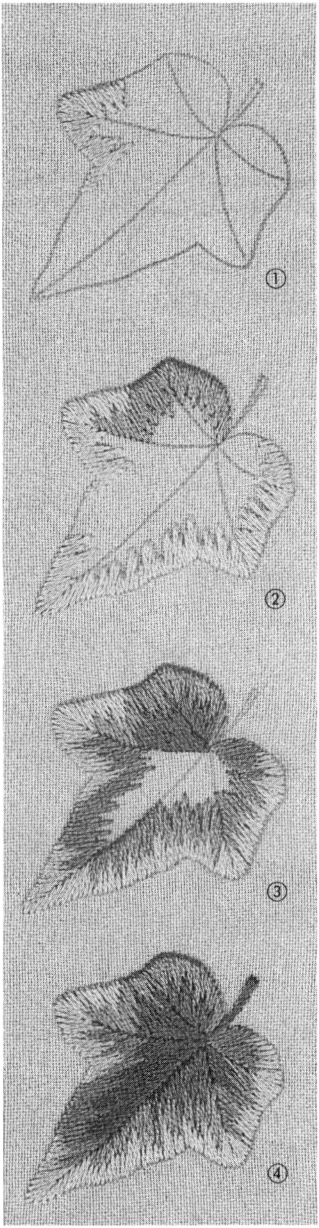

CHINESISCHE UND JAPANISCHE NADELMALEREI

Die einfachste Technik der Nadelmalerei ist die chinesische Art. Es handelt sich um eine gleichseitige Stickerei, das heißt, das Musterbild entsteht sowohl auf der Vorderseite als auch auf der Rückseite des Stoffes. Am häufigsten kommt hierbei der Plattstich (siehe Seite 14) zur Anwendung. Die Farbtöne werden klar nebeneinander gesetzt und laufen nicht ineinander über. Bei der japanischen Nadelmalerei wird in Ergänzung zur chinesischen eine Schattierung durch Übersticken schon im Plattstich ausgeführter Formen mit dunklerem Faden oder durch zusätzliche Verwendung von Knötchen- oder Stielstich (siehe Seiten 48, 13) erreicht.
Ein Beispiel, auf dem beide Techniken, die chinesische und die japanische, gleichermaßen zum Zuge kommen, ist das folgende Stickbild »Sommergarten« (vgl. Farbtafel, gegenüber Seite 32).

Abb. 71: *Japanische Nadelmalerei*

Oben: Bestickter Tischläufer

Unten: Teppich in Kelimstickerei (Arbeitsanleitung siehe Seite 138)

Stickbild »Sommergarten«

Original 24×29 cm. (Siehe Farbtafel gegenüber Seite 32).

Material: Alle Stickereien werden mit 3 abgespaltenen MEZ ⚓ Sticktwistfäden und einer Sticknadel Nr. 24 mit Spitze ausgeführt. Verwendet wurde MEZ ⚓ **Sticktwist** in den Farben: 216 Heugrün, 305 Goldgelb, 217 Moosgrün, 313 Aprikot, 218 D'jagdgrün, 304 Dottergelb, 242 Resedagrün, 330 Koralle, 244 Farngrün, 13 Lachsrot, 267 Olivgrün, 74 Himbeer, 268 Wacholder, 77 Erika, 256 Giftgrün, 99 Violett, 227 Hellgrün, 111 Lila, 884 Ton, 131 Vergißmeinnicht, 371 Rehbraun, 132 Königsblau, 1 Hochweiß;
Stoff: Baumwoll-Krepp, Salbeigrün; **Stoffzuschnitt:** ca. 34×40 cm; **zum Verstärken:** ca. 34×40 cm aufbügelbare Vlieseline.

Zum Nacharbeiten des »Sommergartens« entnehmen Sie die gezeichneten Motive und setzen sie abbildungsgemäß zusammen, oder Sie »bepflanzen« sich nach eigener Phantasie Ihre »Wiese«. Die fertige Stickerei ziehen Sie auf Pappe oder lassen sie rahmen.

Das Übertragen der Muster auf den Stoff geschieht mit Schneiderkopierpapier, das man in Spezialgeschäften für Mal- und Zeichenbedarf oder in Schnittmusterabteilungen in verschiedenen Farben kaufen kann. Man legt das Kopierpapier mit der beschichteten Seite auf den Stoff, die Musterzeichnung obendrauf und zeichnet mit einem harten, nicht zu spitzen Bleistift das Muster nach.
Zur Erinnerung noch einmal etwas über die verwendeten Sticharten:

Der Plattstich

... dient als Füllstich und wird bei unseren Motiven – im Gegensatz zur gezählten Stickerei – über kleinere, vorgezeichnete Formen ausgeführt. Die Stiche liegen dicht nebeneinander und bilden eine

Oben: Die Arbeitsanleitung zu dieser bestickten Damen-Trachtenjacke finden Sie auf Seite 149

Unten rechts: Damen-Trachtenjacke mit besticktem Rock (Arbeitsanleitung siehe Seite 149

Unten links: Bestickte Damenpullover

geschlossene Fläche. Sie greifen in schräger oder gerader Lage über eine Form. Kreisformen stickt man von der Mitte aus in zwei Hälften, der letzte Stich am Rand muß jeweils dicht unter den vorletzten Stich gestickt werden. Geteilte Blattformen beginnt man an der Spitze mit einem Stich auf der Teilungslinie und stickt nacheinander beide Hälften. Einfache Blätter werden in schräger Stichlage ausgeführt. Manche Blüten werden von außen zur Mitte gestickt. Dabei liegen die Stiche in der Mitte dichter als am Außenrand. Dasselbe gilt auch für andere geschwungene Formen. Die Stiche drängen sich an der kleineren Biegung stets dichter als an der größeren; daher wird immer von der größeren zur kleineren Biegung gestochen. Grenzen mehrere Flächen aneinander, stickt man zuerst die mittlere aus und dann die anderen. Dabei liegt die Einstichstelle immer an der gestickten Fläche. Auf unserer Farbabbildung sind die Stickrichtungen für die verschiedenen Formen gut zu erkennen.

Der Knötchenstich

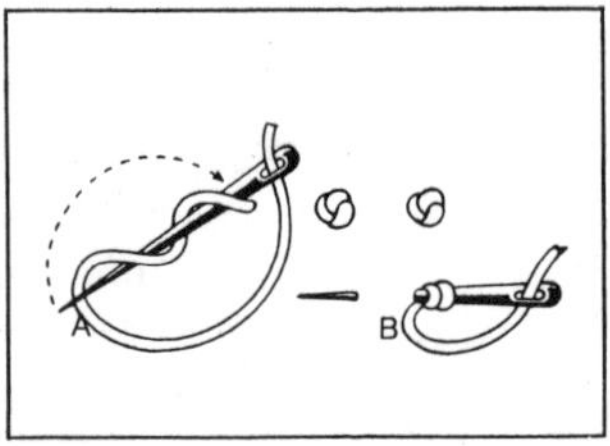

...kann als Einzel- oder Flächenfüllstich verwendet werden. Ausstechen, den Stickfaden zweimal um die Nadel wickeln und etwas neben der Ausstichstelle wieder einstechen. Vor dem Durchziehen der Nadel die Wicklung dicht an den Stoff schieben, und den Faden gleichmäßig anziehen. Bei mehreren nebeneinanderliegenden Knötchen liegt die Einstichstelle stets in gleicher Richtung zur Ausstichstelle.

Der Stielstich

...wird auf Seite 13 vorgestellt.

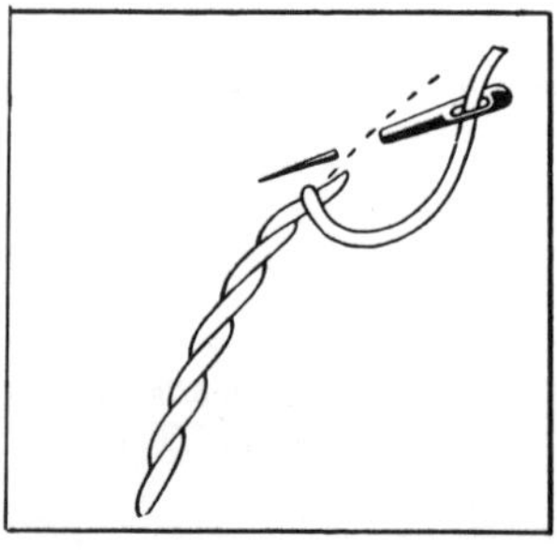

Die ***Werkzeichnungen*** zu den einzelnen Motiven haben Originalgröße. Sie finden Sie auf den Seiten 131 ff.

Die Schattenstickerei

Diese sehr feine Stickerei ist vor allem auf wertvollen Blusen, Abendkleidern oder Zierdecken beliebt. Da nur zarte, durchscheinende Stoffe verwendet werden können, muß die Arbeit im Stickrahmen ausgeführt werden.

Abb. 72:
Blüte in Schattenstickerei

Abb. 73: *Schattenstickerei, maschinell*

Bei der Schattenstickerei werden auf transparenten Stoffen vorgezeichnete Muster mit wenigen Sticharten ausgefüllt. Geeignete Stoffe sind Baumwollorganza, Organdy, Voile, Batist, feines Siebleinen. Die Schattenstickerei wird je nach Art des Grundstoffes und Größe der Motive mit geteiltem oder ganzfädigem Sticktwist oder Vierfach-Stickgarn ausgeführt. Bei Stickereien mit Sticktwist fließen auf der linken Seite die Fadenstrukturen ineinander über, und bei Vierfach-Stickgarn hebt sich jeder einzelne Faden plastisch ab. Eine dezente Schattenwirkung erzielt man durch »Ton-in-Ton«-Stickerei; markantere Hervorhebungen erreicht man durch kontrastfarbiges Stickgarn auf weißen oder pastellfarbenen Stoffen.

Das Übertragen der Muster auf den Stoff geschieht mit Schneiderkopierpapier, das man in Spezialgeschäften für Mal- und Zeichenbedarf oder in Schnittmusterabteilungen in verschiedenen Farben kaufen kann. Die Musterzeichnung überträgt man in jedem Falle auf die *linke Seite* des Stoffes. Zweckmäßig ist es auch, das Kopierpapier in der Farbe des Stickgarns zu wählen; die Musterlinien sind dann nach Fertigstellung der Stickerei auf der rechten Seite des Stoffes nicht zu sehen. Für weißes Stickgarn verwendet man bei sehr durchsichtigen Stoffen weißes Kopierpapier. Man legt das Kopierpapier mit der beschichteten Seite unter die linke Seite des Stoffes, die Musterzeichnung auf die rechte Seite des Stoffes und zeichnet mit einem harten, nicht zu spitzen Bleistift das Muster nach.

Auf der rechten Seite des Stoffes werden auf den Musterlinien *Steppstiche* gestickt, und zwar wechselnd von einer Seite zur anderen. Dabei entstehen auf der linken Seite *Hexen-* oder *Kreuznahtstiche,* die durch den Stoff sichtbar sind. Je nach Stichdichte und Garnstärke können unterschiedliche »Schatteneffekte« erzielt werden. Die Schattenstickerei darf man auf keinen Fall zu straff ausführen. Bei manchen Motivformen können einzelne Konturen und die Stiele im *Stepp-* oder *Stielstich* gestickt werden.

LEHRGANG ZUR SCHATTENSTICKEREI

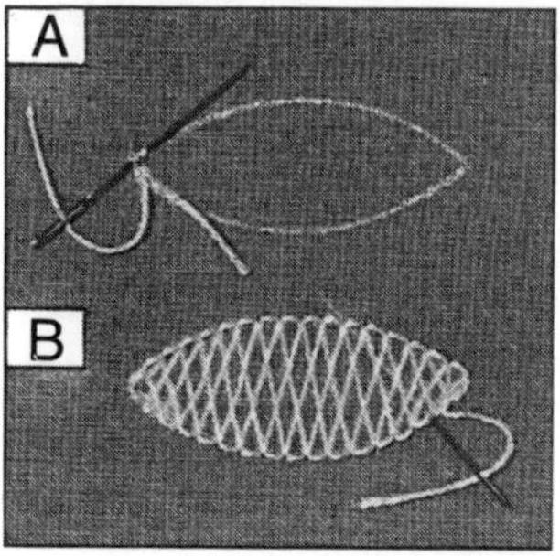

A *Vernähen des Anfangsfadens: 2–3 kleine Rückstiche auf der Musterlinie ins Gewebe arbeiten und dabei beachten, daß die Steppstiche genau darüber zu liegen kommen. Nach dem Vernähen den kurzen stehengelassenen Anfangsfaden abschneiden*

B *Vernähen des Endfadens: Unter 2–3 Steppstichen kleine Rückstiche ins Gewebe arbeiten*

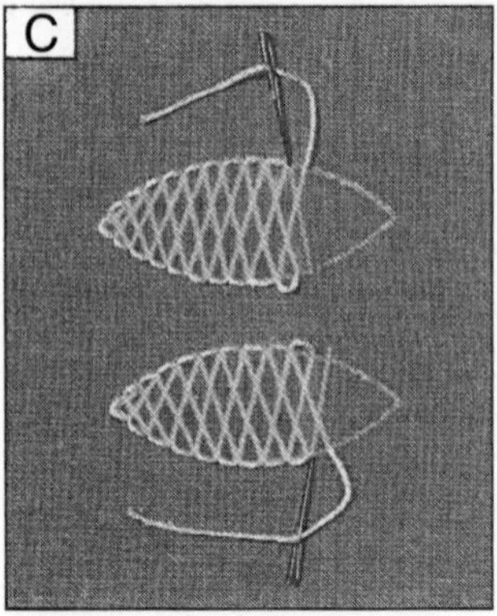

C *Abwechselnd von einer Kontur zur anderen Steppstiche arbeiten; dabei bilden sich auf der linken Seite der Arbeit Hexen- oder Kreuzstiche*

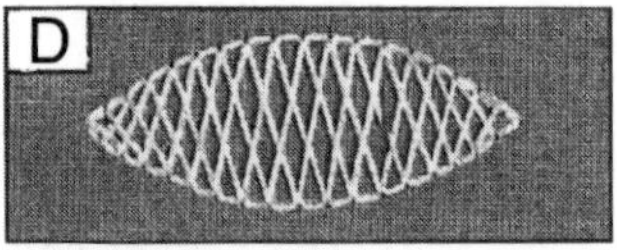

D *linke Seite der Arbeit*

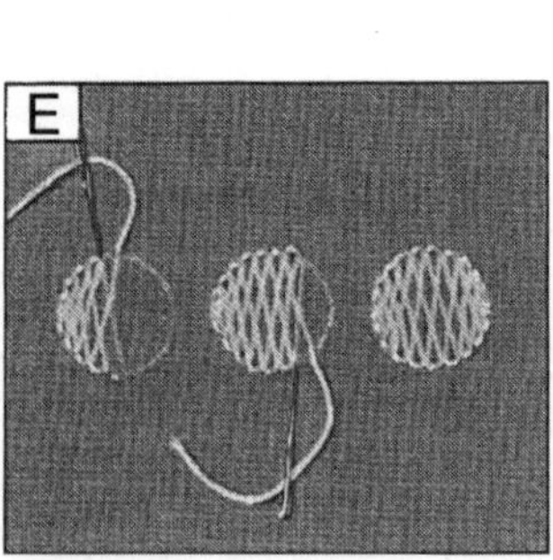

E *Kreise werden genauso gestickt*

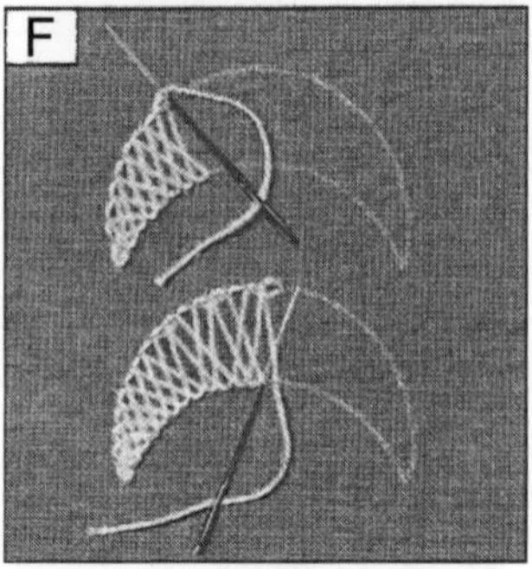

F *Am Beispiel des »Halbmondes« ist gezeigt, wie man mit einem Hilfsstich gewölbte Konturen stickt. Man arbeitet an der äußeren längeren Linie 2 Steppstiche und an der inneren nur 1 Steppstich*

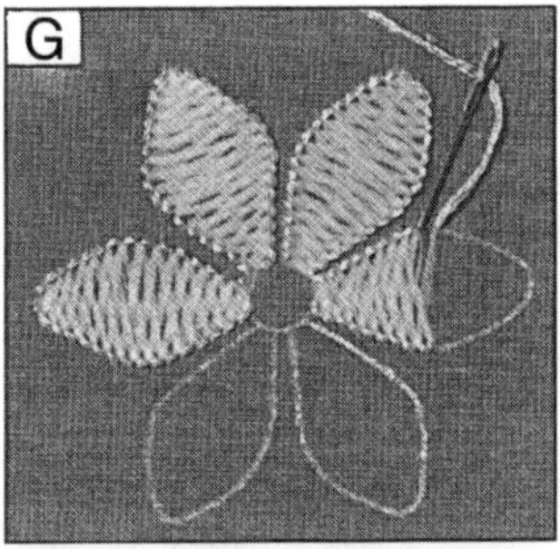

G *Das 1. Blatt beginnt man an der äußeren Spitze und arbeitet zur Mitte hin. Das 2. Blatt wird anschließend von der Mitte nach außen gestickt, dann den Endfaden vernähen. Die weiteren Blütenblätter genauso arbeiten. Die Mitte wird zum Schluß mit Stepp- oder Stielstichen umrandet (siehe Abbildung* **H***).*

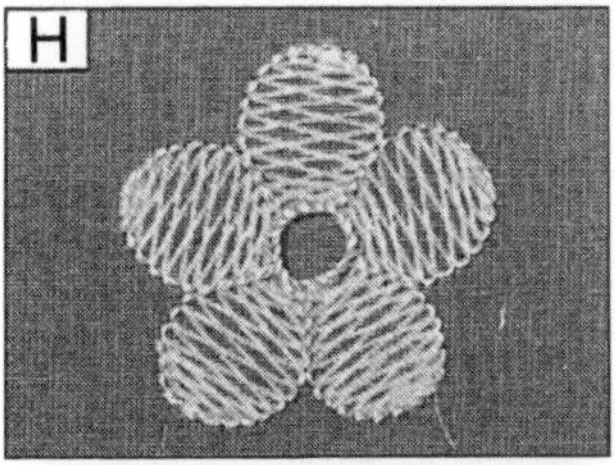

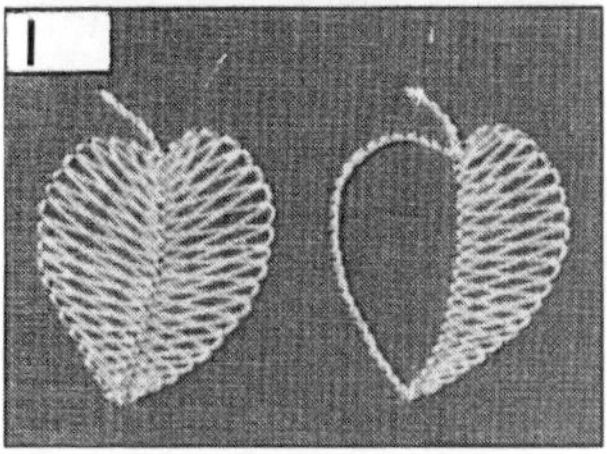

I Jede Blatthälfte wird getrennt gestickt; deshalb ergibt sich in der Mitte eine doppelte Steppstichlinie

K Nur eine Hälfte des Blattes ist ausgefüllt; die Kontur der anderen Blatthälfte ist nur mit einer Stielstichlinie betont

L Vergleiche Abbildung **I**+**K**

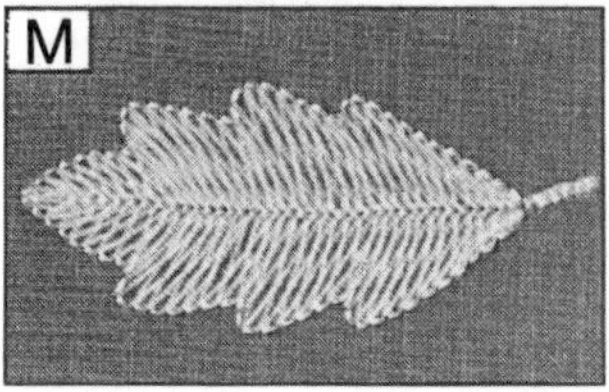

M Bei der Eichenblattform werden die äußeren Steppstiche länger, die inneren Steppstiche kürzer gestickt (in 2 Hälften). Dadurch kann man Rundungen oder Zacken gut ausgleichen. Der Hexenstich verläuft dabei schräger

N Verschiedene Blüten- und Blattformen können durch Verwendung unterschiedlich starker Garne einen zusätzlichen Schatteneffekt erhalten

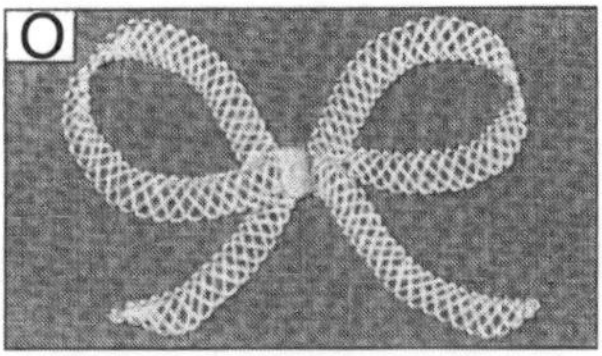

O Besonders markante Stellen (siehe Knotenpunkt der Schleife) werden in Plattstich ausgefüllt

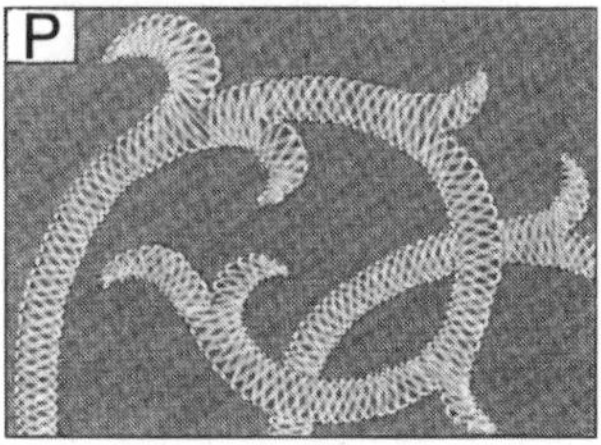

P Bei Arabesken wird an den Überschneidungen nur die obenauf liegende Form gestickt

Kelimstickerei

Die Kelimstickerei ist eine Nachbildung der *Sumakweberei*, die im Orient gebräuchlich ist. Der Kelimstich (auch *Strick- oder Trikotstich*, weil die gestickte Fläche einer gestrickten glatten Fläche ähnelt) ist daher ebenso unter den Namen *Sumakstich* oder *osmanischer Stich* bekannt, manche nennen ihn auch *»spanischer Flechtstich«*. Bei dieser Technik wird in einzelnen Reihen gearbeitet. Zuerst führt man die Musterkonturen aus, in waagrechter, schräger oder senkrechter Richtung, dem Zählmuster entsprechend. Dann werden die übrigen Flächen in den vorgesehenen Farben in senkrechten Reihen ausgefüllt.

Bei der Kelimstickerei muß mit so dickem Arbeitsfaden gestickt werden, daß der Gewebegrund vollständig abgedeckt wird. Als Arbeitsfaden dient dicke Wolle (sogenannte *Sudanwolle*) oder *Grobstickgarn*, als Gewebegrund *Sudan-Stramin*, *Turkestan*, *Smyrnakanevas* oder *Aidastoff*.

Für diese Stickart eignen sich am besten geometrische Muster, deren Formen dunkler umrahmt sind, was sie besser zur Wirkung bringt.

Teppich in Kelimstickerei

ca. 76×136 cm.
(siehe Farbtafel gegenüber Seite 128, unten)

Material: MEZ ⚓ Sudan-Wolle, 50 g Strg.: 4 Strg. Rot 3306, 5 Strg. Blau 3109, 3 Strg. Gelb 3000, 4 Strg. Weiß 3205, 3 Strg. Braun 3076;
Stoffzuschnitt: 1,50 m Sudan-Stramin, 100 cm breit, 4,30 m Teppichband – und zum Nähen MEZ ⚓ **Handfaden Waage 12**

LEHRGANG ZUR KELIM-STICKEREI

Die gestickten Arbeitsproben **1–9** zeigen die einzelnen Arbeitsgänge in den verschiedenen Stickrichtungen; die Arbeitsproben **»a«** zeigen den Fadenverlauf auf der Rückseite.

Zu 1: Aufsteigende Reihe: Stichrichtung von links unten nach rechts oben;

Zu 2: Absteigende Reihe: Stichrichtung von links oben nach rechts unten.

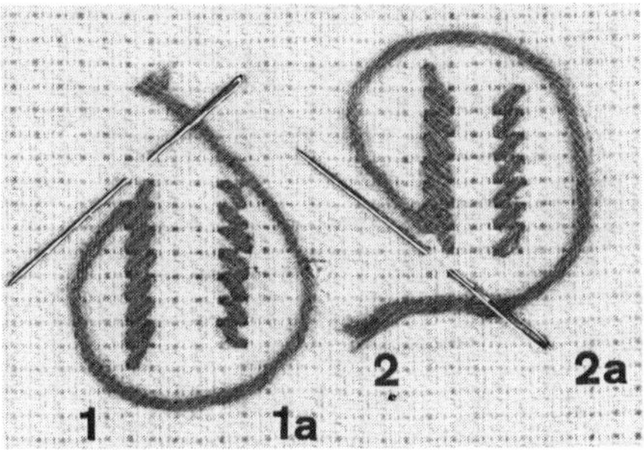

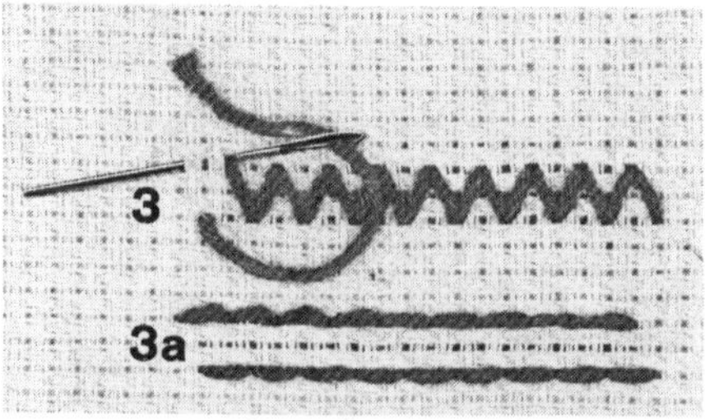

Zu 3: Waagrechte Reihe (wie Zickzackstich).

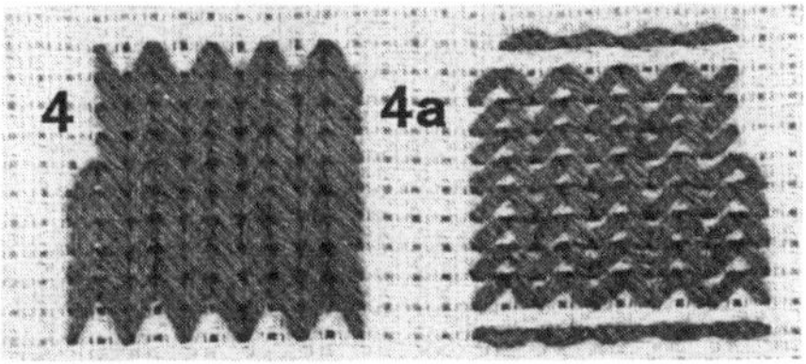

Zu 4: Stickbild einer einfarbigen Fläche.

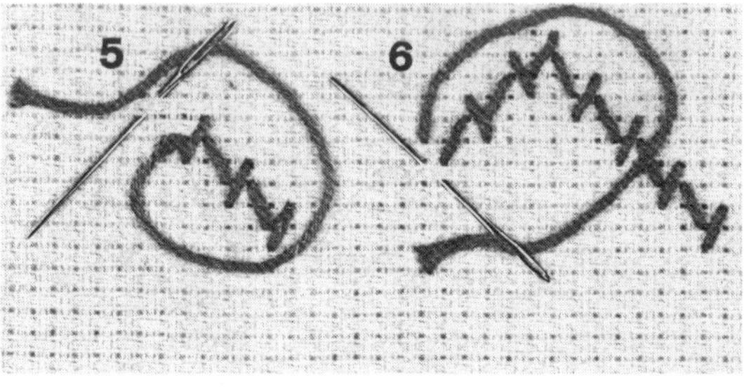

Zu 5, 6, 7, 8: Diagonale Kontur in allen vier Richtungen; beim Übergang von einer Diagonalen zur anderen werden bei Bedarf auf der Rückseite 2 Gewebekaros übergangen (siehe auch Arbeitsprobe 8a).

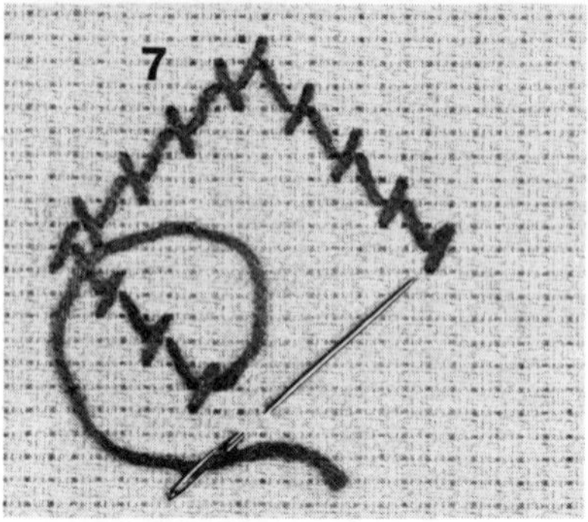

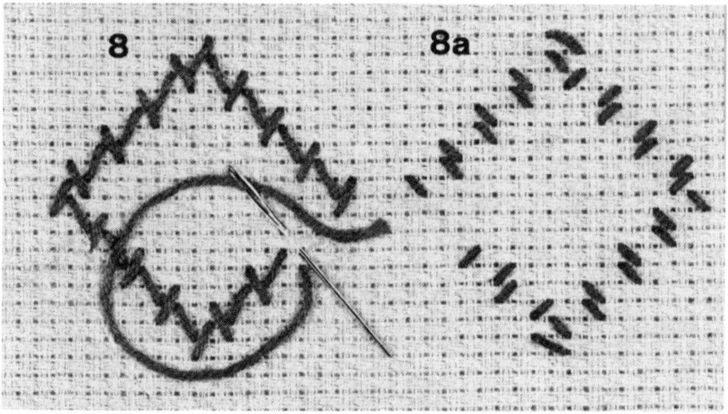

Zu 9: Die Randlücken der ersten und letzten waagrechten Reihe in der gleichen Farbe der Stickerei bei allen unseren Modellen mit senkrechten Spannstichen ausfüllen. An unserem Arbeitsgang wurde der Deutlichkeit halber ein andersfarbiger Faden verwendet.

Arbeitsweise: Jeder Stich greift über **2** Gewebekaros in der Höhe und **1** Gewebekaro in der Breite; die Übergänge auf der Rückseite sind nur halb so lang und greifen über **1** Gewebekaro in Höhe und Breite.

Gestickt wird nach Zählmuster; jedes Kästchen des gezeichneten Gittergrundes stellt 1 Gewebekaro dar; die verschiedenen Stricharten geben die Farbverteilung und die Stickrichtung an. Wo nur Zahlen stehen, wird die ganze Fläche in der entsprechenden Farbe ausgefüllt. Es werden aber stets zuerst die Konturen gearbeitet und dann die Flächen ausgestickt.

Man beginnt in der Mitte der schmalen Seite ca. 5 cm von der Schnittkante entfernt und arbeitet nach Zählmuster. Das Zählmuster zeigt einen Ausschnitt der Stickerei und ist entsprechend zu ergänzen. Die Zeichenerklärung I gilt für den Rand und das Motiv 1, die Zeichenerklärung II für Motiv 2. Das Motiv wird nach dem entsprechenden Zählmuster gestickt; es zeigt ca. ein Viertel des Motivs und muß entsprechend vervollständigt werden. Dann legt man die unbestickten, rundum gleichmäßig breit geschnittenen Stoffränder nach links, befestigt sie mit Hexenstichen und näht das Teppichband dagegen.

Einteilungsskizze

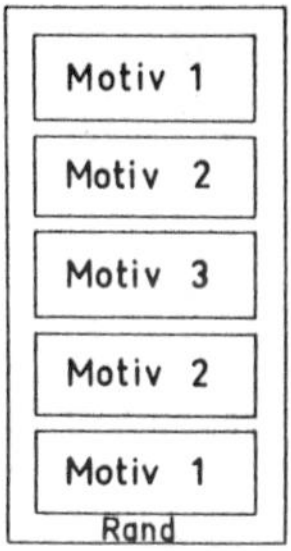

Zählmuster zum Kelim – Teppich

Zeichenerklärung I

/ + 1 = 3306
/ + 5 = 3109
/ + 3 = 3000
/ + 2 = 3205
/ + 4 = 3076

Zeichenerklärung II

/ + 1 = 3109
/ = 3000
/ = 3205
/ + 2 = 3076
/ + 4 = 3306

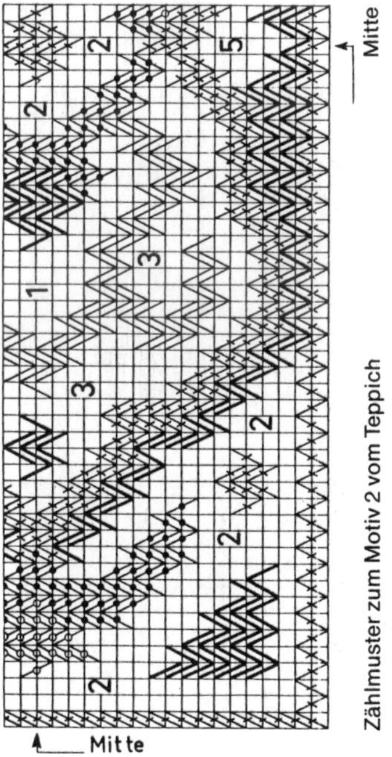

Zählmuster zum Motiv 2 vom Teppich

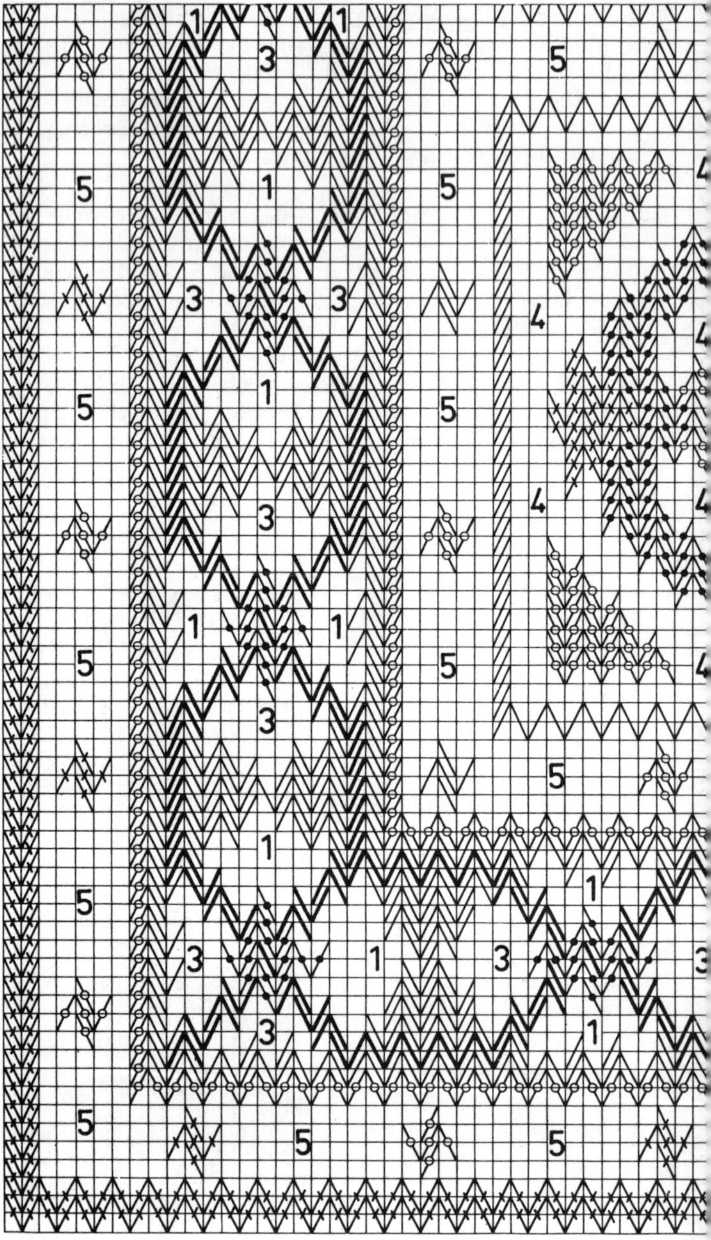

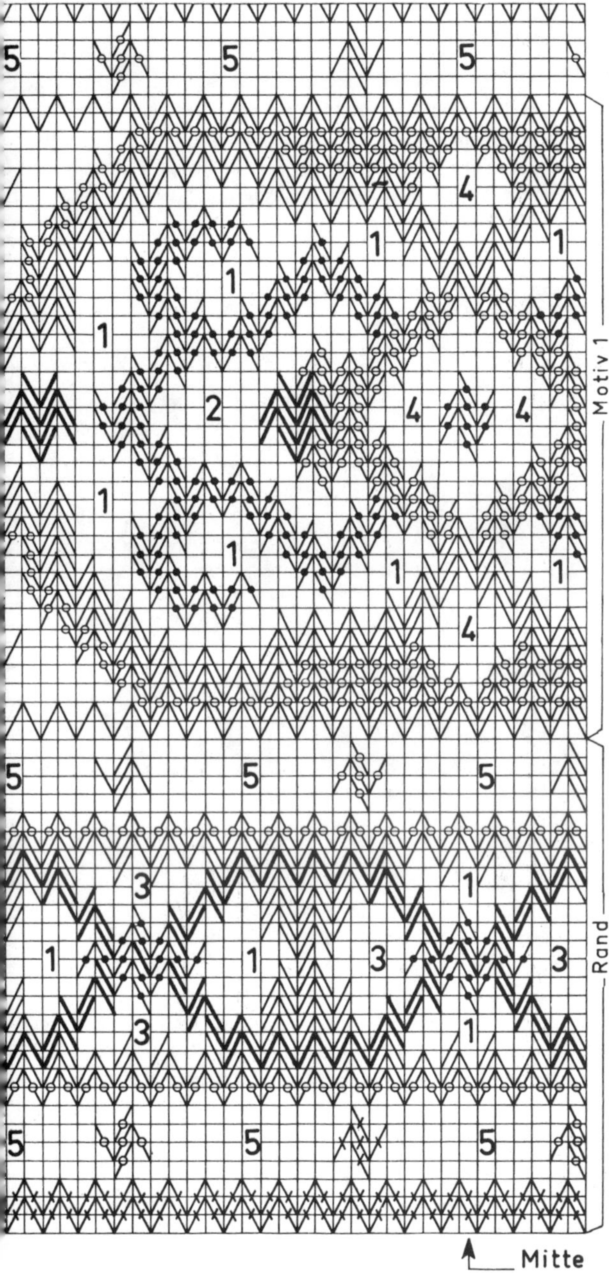

Motiv 1
Rand
Mitte

Tüllarbeiten

Tüll ist ein netzartiges Gewebe, fein-, mittel- oder großmaschig, aus Seide, Baumwolle oder Chemiefasern. Tüllarbeiten waren früher sehr beliebt, beispielsweise bei Trachten (schlesische Tracht), Brautschleiern oder Taufkleidern sowie bei Vorhängen (berühmte Florentiner Tüllarbeiten). Heute werden sie seltener angefertigt.

***Abb. 74:** Ausschnitt aus Florentiner Tüllvorhängen*

Für diese Technik braucht man eine stumpfe Sticknadel und Garn mit leichter Drehung, wie beispielsweise Sticktwist oder Glanzstickgarn. Der Faden muß bei der Arbeit sauber durch den Stoff laufen, darf ihn nicht zusammenziehen oder lose Schlingen bilden. Das gewünschte Muster zeichnet man am besten auf ein Stück festes Papier (eventuell leichte Pappe), befestigt den Tüll darüber mit Heftstichen und stickt dann nach der Werkzeichnung. Am Anfang eines neuen Fadens wird ein Stück von etwa 6 Löchern Länge neben dem alten Faden hergestickt. Folgt dem alten Faden kein neuer, so muß beim Vernähen des alten Fadens ein Stich neben der bereits gestickten Linie zurückgestickt werden. Daß Anfangs- und Schlußfäden besonders sorgfältig vernäht werden, ist deshalb so wichtig, weil Tüll ein durchsichtiges Gewebe darstellt.

TÜLLSTICKEREI

... wird nach Musterzeichnung gearbeitet, wie auf Seite 144 beschrieben. Man wendet nicht nur *Vorstiche* an, sondern die verschiedensten Sticharten wie *Schling-*, *Knötchen-*, *Hexen-*, *Kreuz-* oder *Grätenstiche*. Größeren Flächen kann durch *Füllstiche* ein spitzenartiges Aussehen verliehen werden.

Abb. 75: *Florentiner Tüllstickerei*

Abb. 76: *Muster aus Zackenlinien in hin- und hergehenden Reihen; Sternmuster*

Abb. 77: *Taschentuch mit Florentiner Tüllstickerei*

TÜLLDURCHZUG

... ist die einfachste Art der Tüllarbeit. Eine Musterzeichnung auf Pappe ist meist nicht erforderlich. Es werden einfache waagerechte, senkrechte, diagonale, zacken- oder wellenartige Linien gestickt und zu Mustern zusammengesetzt. Dabei folgt man dem Verlauf der Tüllöcher, die genau gezählt werden müssen, mit einfachen Vorstichen.

Abb. 78 u. 79: *Einfache Durchzugmuster*

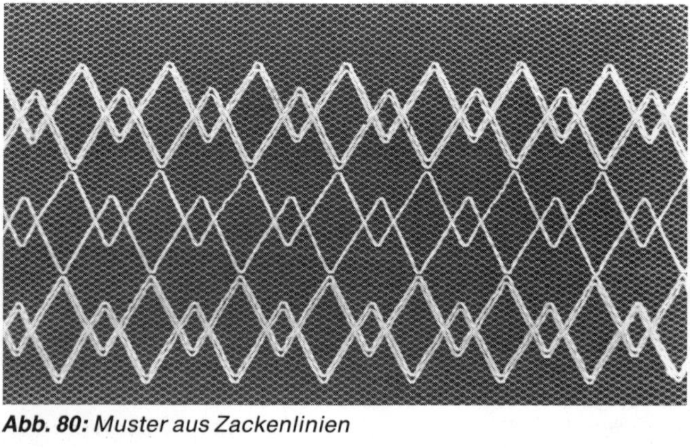

Abb. 80: *Muster aus Zackenlinien*

TÜLLAPPLIKATION

Für diese Technik eignen sich vor allem einfache geometrische Muster, da sie etwas schwer ausfällt. Auf den Tüllgrund wird ein Stoffstück (Tüll in entgegengesetzter Lochreihenrichtung, Batist oder Waschseide) aufgeheftet. Mit Schling- oder Wickelstichen werden die auf das Papier vorgezeichneten Musterlinien eingearbeitet, wobei jeweils beide Stoffe mit der Nadel gefaßt werden müssen. Dabei gilt es genau darauf zu achten, daß weder zu locker noch zu fest angezogen werden darf, weil sonst die Arbeit unansehnlich wird. Die überstehenden Stoffteile der oberen Stofflage werden anschließend bis zur Musterlinie abgeschnitten.

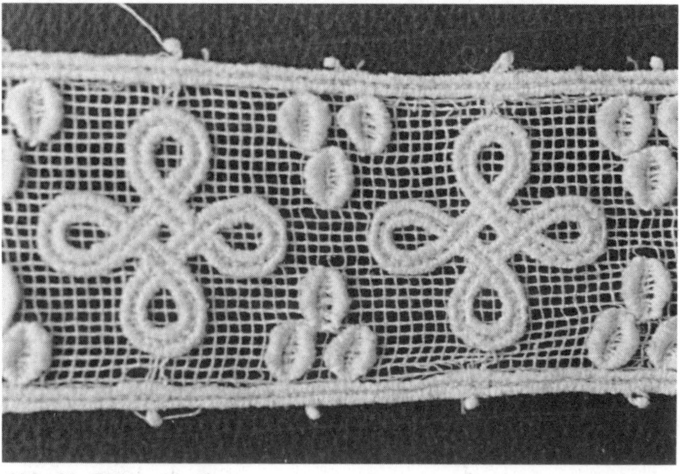

Abb. 81: *Tüllapplikation*

Smokarbeit oder Schmuckfaltentechnik

Eingereihte Fältchen werden bei dieser Technik mit Stickstichen verziert. Die Reihstiche werden später entfernt, so daß nur noch die Schmuckstiche die Fältchen halten. Dadurch entsteht eine elastische Fältchenreihe, die, je nach verwendetem Stich, ein typisches Musterbild aufweist. Diese Sticktechnik finden wir häufig bei Abendkleidern aus zarten Stoffen, bei Blusen oder Kinderkleidern.

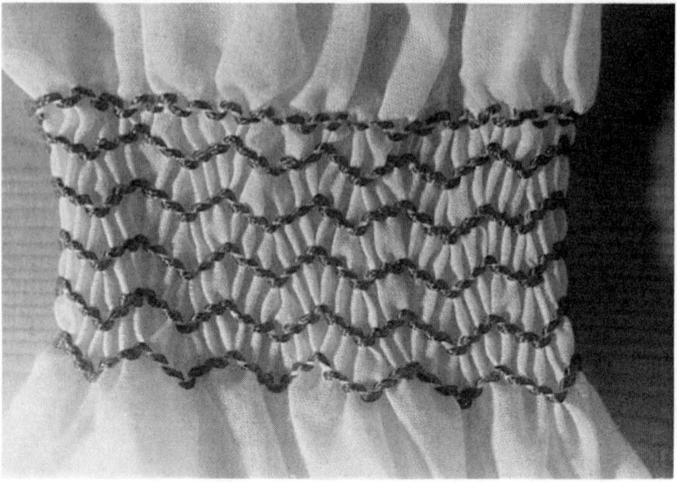

Abb. 82: *Ärmelbündchen in Schmuckfaltentechnik. – Stielstiche in Zickzackreihen halten die Fältchen*

Sehr gut eignen sich weiche, schmiegsame Stoffe wie Voile, Seide oder Musselin.

Vorarbeit: Genaues Einreihen ist als Vorarbeit unbedingt nötig. Mit einem Lineal zeichnet man auf der Rückseite des Stoffes in regelmäßigen Abständen Punkte, damit die Reihfäden gleichmäßig durchgezogen werden können. Der Abstand zwischen den Punkten in waagrechter Linie soll etwa 1/2 cm betragen, der Abstand der Reihen zueinander etwa 1 cm. Wählt man in waagrechter Linie einen größeren Abstand als 1/2 cm, so entstehen tiefere Falten. Die Punktreihen müssen parallel zueinander verlaufen. Zum Einreihen nimmt man einen haltbaren Faden, der nicht so leicht reißt, und sichert ihn am Anfang mit einem Knoten. Ist der Stoff in gewünschter Breite gereiht, dann zieht man die Reihfäden straff: Bei einer geraden Borte alle Fäden gleich lang, bei gerundeten Formen, beispielsweise einer Passe, der Form entsprechend, das heißt, die innersten so, daß die Fältchen ganz dicht beieinander liegen, die äußeren so, daß die Fältchen sternförmig auseinanderlaufen. Es entstehen hochstehende Fältchen, die sich noch verschieben lassen. Das Ende jedes Reihfadens wird um eine Stecknadel gewickelt, die im Stoff steckt. Es wird nicht vernäht, weil wir den Reihfaden später wieder entfernen.

Sticken: Auf der Vorderseite werden die Fältchen mit Zierstichen überstickt. Dabei ist zu beachten, daß jeweils gleichmäßig tief in jedes Fältchen eingestochen werden muß. Als Stiche eignen sich besonders: *Zackenstich* (Seite 27) *Waffelstich* (Seite 28), *Hexenstich* (Seite 21), *Stielstich* (Seite 13). Ist das Muster fertig gestickt, werden die Reihfäden herausgezogen.

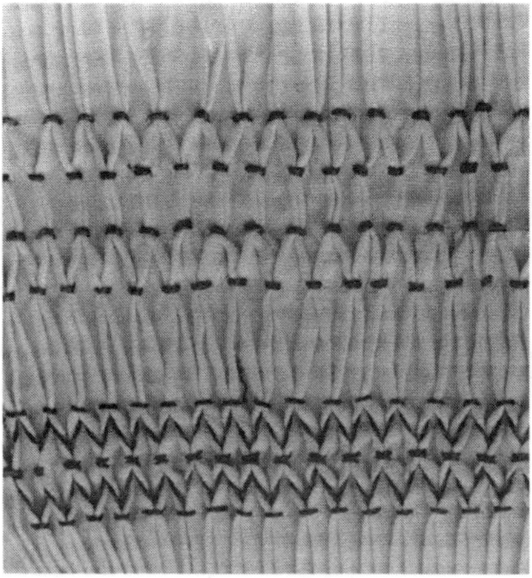

Oben: Einfacher Smokstich

Unten: Zackenstich

Abb. 83

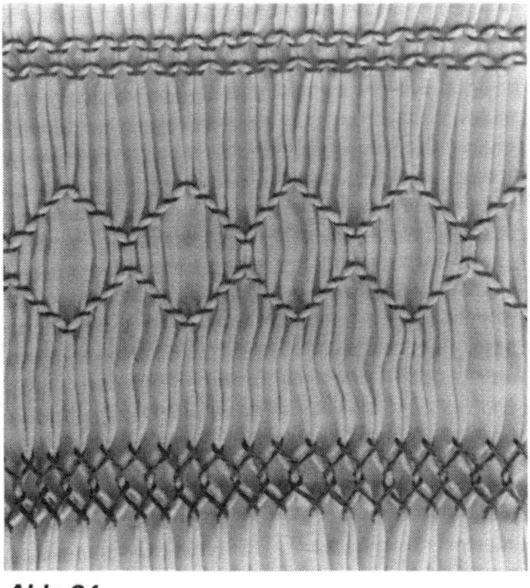

Versetzter Stielstich

Stielstich in Zickzack-Reihe, gegengleich

Hexenstich

Abb. 84

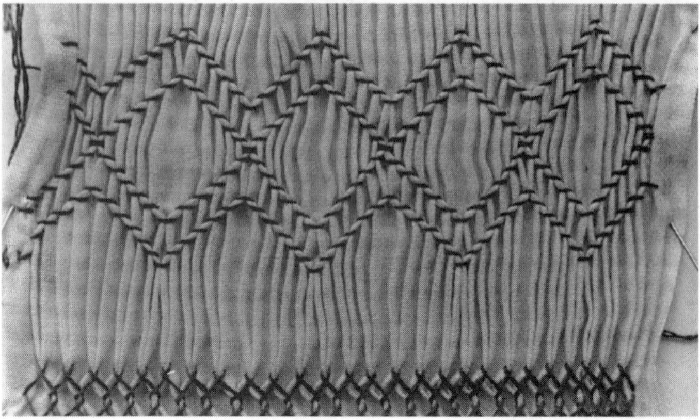

Abb. 85: *Smokborte mit Stielstichen in doppelten Zickzack-Reihen*

Trachtenrock, bestickt

Größe 40–42. (Siehe Farbtafel gegenüber Seite 129, unten rechts)
Material: Schoeller Wolle »wollspass« Farbe 02, 650 g; Farbe 01, 50 g; Farbe 15, 50 g. **Esslinger Wolle »trockenwolle 64«** Farbe 81, 50 g. 2 Rundstricknadeln Stärke 3½ 60 cm und 100 cm; Gummigurtband 3 cm breit, 30 cm lang; 1 stumpfe Sticknadel.

Arbeitsweise:
Maschenprobe: 22 M/ 32 R = 10 cm^2 = 168 M anschlagen.
1. Runde: ✻ 20 M re, 1 M li. Von ✻ ab wiederholen.
3× nach jeder 8. Runde beidseitig neben den linken Maschen 1 M zunehmen = 216 M.
15× nach jeder 12. Runde beidseitig neben den linken Maschen 1 M zunehmen = 456 M.
Nach 70 cm Rocklänge 1 Runde li, 3 Runden re, 1 Lochrunde = ✻ 1 Umschlag, 2 M re zus., 1 M re. Von ✻ ab wiederholen. – 3 Runden re, 1 Runde li, 4 Runden re, 1 Lochrunde wie oben. 4 Runden re, abketten.
Bei der unteren Lochreihe Gestrick nach hinten umschlagen (ergibt Zackenrand) und als Saum annähen.
In die obere Lochreihe mit *Webstichen (Vorstichen)* die Stickerei wie auf der Farbabbildung (gegenüber Seite 129, unten rechts) anbringen. Für den Bund 160 M aus dem oberen Rand aufnehmen, 6 cm glatt rechts stricken, 3 cm Gummigurtband einlegen, Bund festnähen.

Trachtenjacke mit Smokärmeln

Größe 40–42. (Siehe Farbtafel gegenüber Seite 129, unten rechts)
Material: Esslinger »trockenwolle 64« Farbe 56, 950 g; Farbe 81, 50 g, Farbe 50, 50 g; Farbe 51, 50 g. 2 Schnellstricknadeln Stärke 3, 2 Schnellstricknadeln Stärke 4; 10 Trachtenknöpfe (1 Reserve); 1 stumpfe Sticknadel.

Arbeitsweise:
Maschenprobe I mit Nadeln Nr. 3 (elastische Fläche, ungedehnt) 40 M/ 37 R = 10 cm².
Maschenprobe II mit Nadeln Nr. 4 (glatte bzw. krause Fläche): 20 M/ 28 R = 10 cm².
Technik I = 1 Masche rechts, 1 Masche links (elastische Fläche).
Technik II = 1 Reihe links, 1 Reihe rechts (Vorderseite krause Fläche, Rückseite glatte Fläche).
Technik III = 1. Reihe: ✻ 5 M li, 1 M re. Von ✻ ab wiederholen. 2. Reihe: ✻ 5 M re, 1 M li. Von ✻ ab wiederholen.

Arbeitsweise nach Schnitt:

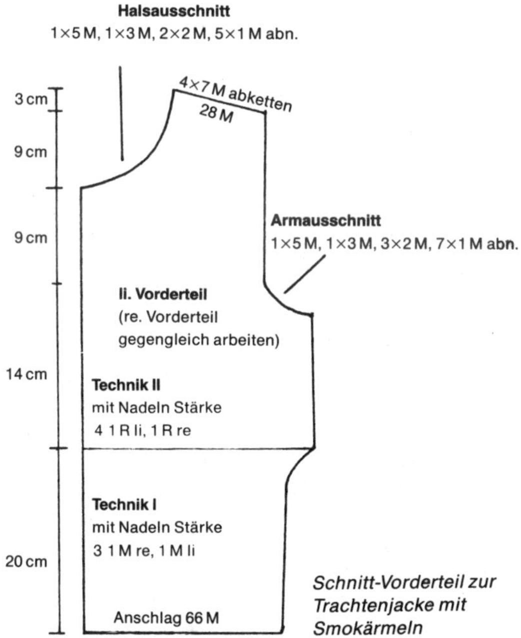

Schnitt-Vorderteil zur Trachtenjacke mit Smokärmeln

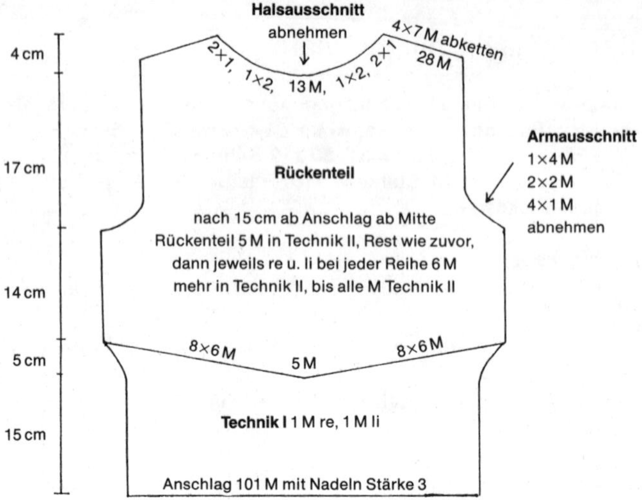

Schnitt-Rückenteil zur Trachtenjacke mit Smokärmeln

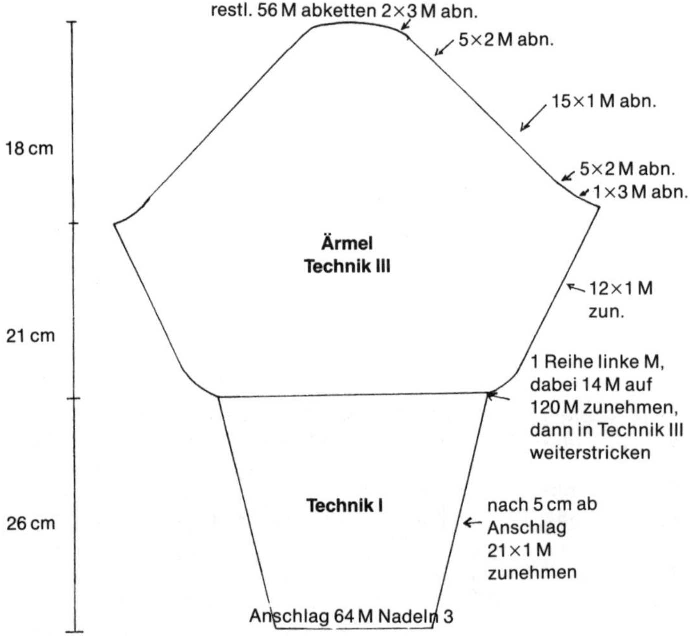

Schnitt zum Ärmel der Trachtenjacke mit Smokärmeln

Fertigstellung: Teile waschen, bei Technik II und III spannen, Technik I nicht spannen, trocknen lassen. Ärmel besticken gemäß Abbildung 86, Farbeinteilung siehe Werkzeichnung.

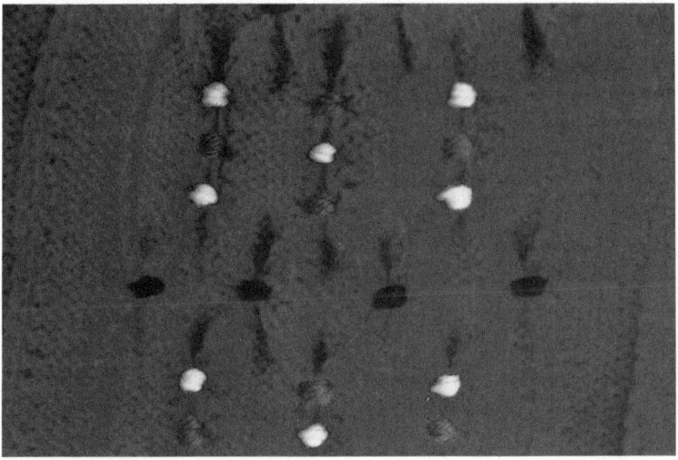

Abb. 86: *Musterausschnitt Ärmel*

Werkzeichnung

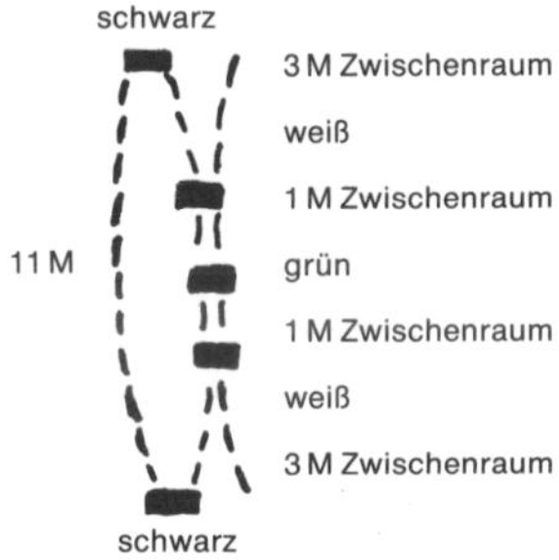

Farbeinteilung (beim Sticken jeweils die zusammengefaßten Maschen 4× umwickeln, hinten verdeckt hochstechen)

Seiten-, Ärmel- und Schulternähte schließen; Ärmel einnähen, dabei die 56 abgeketteten Maschen eingereiht einnähen.

Kantenmuster: 1. R. re, 2. R. li, 3. R. re, 4. R. Lochreihe: ✱ 1 umschl. 2 M li zus. 1 M li. Von ✱ ab wiederholen. 5 R. alle M re abstr., auch Umschläge, 6. R. li, 7. R. re, 8. R. re, 9. R. re, 10. R. li, 11. R. re, 12. R. li, 13. R. re, 14. R. li, abketten.

Für jede Vorderkante 105 Maschen mit Nadelstärke 3 anschlagen, im Kantenmuster stricken, bei der linken Maschenreihe umknicken und beide Seiten an das Vorderteil annähen. Die Lochreihe muß auf der Vorderseite sichtbar sein.
Beim Annähen der linken Kante die Knopflöcher einarbeiten, und zwar 9 Knopflöcher, das 1. 1½ cm nach dem Maschenanschlag, das 9. ½ cm von der Halsausschnittkante entfernt (Knopflochhöhe ca. 3 Maschen).
Für die Halsausschnittkante 120 Maschen anschlagen in Nadelstärke 3, im Kantenmuster stricken, am Halsausschnitt und an den Vorderkanten annähen, so daß die Lochreihe vorne zu sehen ist. An der linken Maschenreihe umschlagen; Umschlag auf der Rückseite annähen. Besticken der Halsausschnittkante mit *Webstichen (Vorstichen)* wie auf der Abbildung. Annähen der Knöpfe an der rechten Vorderseite, und zwar genau an der Stelle, an der Vorderteil und Kante aneinandergenäht sind.

Damen-Trachten-Jacke, bestickt

Größe 38–40. (Siehe Farbtafel gegenüber Seite 129, oben)

Material: Schoeller Wolle »woll-spass«-Farbe 02, 550 g schwarz und Reste zum Besticken und Behäkeln in D'rot, D'grün, H'rot, H'grün, Weiß, Gelb, Blau und Gold; 1 Paar **PERL-INOX-TRIC**-Schnellstricknadeln 3,5 mm.

Technik: Rippen = Hin- und Rückr. re stricken **1 Rippe = 2 R.**
Stickerei: siehe Werkzeichnung.
Maschenprobe: 19 M/ 38 R = 10 cm.
Arbeitsgang: siehe Schnitt. Im Rücken nach 9 cm ab Anschlag die Falte arbeiten: 33 M abstr., die folgenden 44 M auf einen Hilfsfaden legen und mit diesen M wie folgt arbeiten: über die 1.–7. M von li. nach re. die 8.–14. M und darüber von re. nach li. die 15.–21. M legen. Nun die 21 übereinanderliegenden M re. zusammen abstrikken (= immer 3 M zusammenfassen und abstricken), 2 M re. Die 31.–37. M unter die 24.–30. M und über die 38.–44. M legen und die 21 übereinanderliegenden M rechts zusammenstricken, 33 M abstricken (= es sind jetzt insgesamt 82 M auf der Nadel). Mit den stillgelegten M der Ärmel (= 44 M) eine Falte wie Rücken arbeiten, d. h. die M zusammenstricken und abketten (= 16 abgekettete M).

Fertigstellung: Das linke Vorderteil mit je 1 R. Kettm. in H'rot und H'grün ab Schößchenhöhe behäkeln und eine Blumenranke nach Werkzeichnung aufsticken (siehe Abb.). Re. Vorderteil gegengleich behäkeln und besticken. Den Rücken wie Vorderteile behäkeln (an den 2 Mittelm. der Falte beginnen) und besticken, dabei die unterste Blume in die Mitte (ca. 7 cm ab Schößchen) und nur einmal sticken. Nähte schließen, Ärmel einsetzen. Alle Kanten (ohne Ärmel) mit 2 Runden festen M in Schwarz, 1 Runde halbe Stäbchen in D'rot und 1 Runde feste M in D'grün umhäkeln; dabei in der re. vorderen Kante in der 2. Runde 5 Knopflöcher im Abstand von ca. 5 cm über 3 M einarbeiten. 1. Knopfloch ca. 10 cm ab unterer Kante. Knöpfe annähen. Zwei Kordeln aus je 2 Fäden D'grün und D'rot von je 75 cm Fertiglänge drehen und in Schößchenhöhe einziehen. In der rückwärtigen Mitte eine Schleife binden.

Werkzeichnung

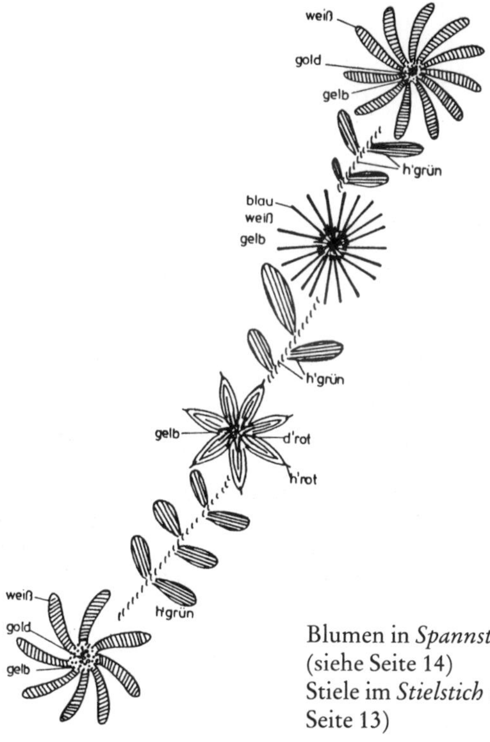

Blumen in *Spannstich* sticken (siehe Seite 14)
Stiele im *Stielstich* sticken (siehe Seite 13)

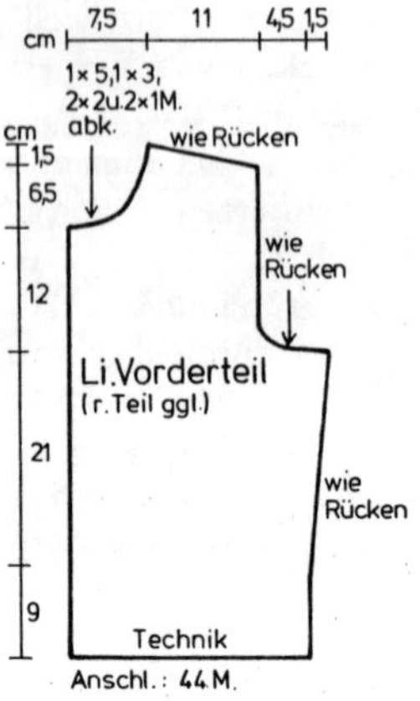
7,5
11
4,5
1,5
cm
1× 5,1× 3,
2× 2u.2× 1M.
abk.
wie Rücken
1,5
6,5
12
21
9
wie
Rücken
Li.Vorderteil
(r.Teil ggl.)
wie
Rücken
Technik
Anschl.: 44 M.

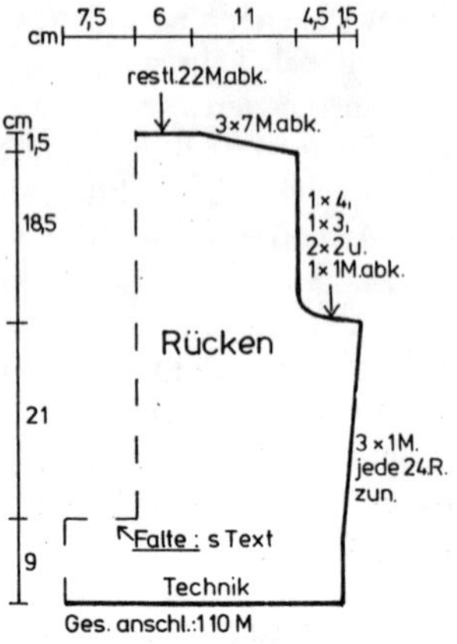
7,5
6
11
4,5
1,5
cm
restl.22M.abk.
3×7M.abk.
1,5
18,5
21
9
1× 4,
1× 3,
2× 2 u.
1× 1M.abk.
Rücken
3 × 1M.
jede 24R.
zun.
Falte : s Text
Technik
Ges. anschl.: 110 M

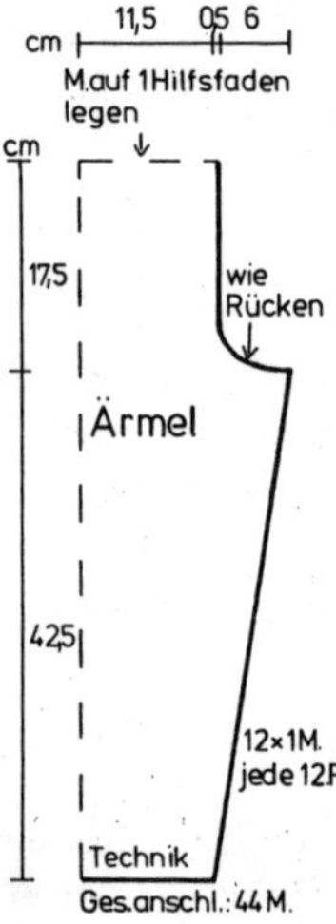
11,5
0,5
6
cm
M.auf 1 Hilfsfaden
legen
17,5
42,5
wie
Rücken
Ärmel
12× 1M.
jede 12R.
Technik
Ges.anschl.: 44 M.

Pflege der Stickarbeit

An jeder Stickarbeit, auch wenn es sich um eine einfache Technik handelt, verbringt man viel Zeit. Will man lange Freude daran haben, so sind sorgfältige Behandlung und gute Pflege unbedingt notwendig.

- Daß man sich, bevor man jeweils zu handarbeiten beginnt, die Hände wäscht, ist selbstverständlich.
- Aufbewahren sollte man die Handarbeit in einem staubdichten Beutel aus Stoff oder Plastik, wobei die Arbeit selbst nochmals in ein sauberes Tuch eingeschlagen werden sollte, das jedesmal, wenn man zu sticken beginnt, über die Kleidung gebreitet werden kann. So schützt man die Arbeit vor starker Verschmutzung.
- Nach Fertigstellung ist das Waschen der Stickerei trotzdem unumgänglich. Feine Stickarbeiten, die gekocht werden müssen, gibt man vor dem Waschen am besten in einen Beutel aus gutdurchlässigem Baumwollstoff und näht diesen zu. Dadurch ist die Arbeit während des Waschvorganges vor Beschädigung geschützt.

Ansonsten hält man sich am besten an die Pflegeanleitung, die MEZ für Stickarbeiten herausgibt:

WASCHEN

- Bunte Stickereien sollen nicht mit anderer Wäsche zusammen gewaschen werden. Es ist notwendig, im Stoff eventuell vorhandene Stärke oder Appretur zuerst gründlich auszuwaschen. Das Waschbad bemessen wir so, daß das Waschgut frei schwimmen kann. Unmittelbar nach dem Waschen sofort mit viel kaltem Wasser gründlich spülen. Stickereien dürfen nicht im nassen Zustand liegenbleiben, sondern sollten sofort zum Trocknen aufgehängt werden.

- Unter Beachtung dieser Grundregeln kann die Wäsche auch mit der Waschmaschine erfolgen. Bei Stickereien, die mit Stickgarnen aus Wolle gearbeitet sind, ist die Verwendung der Waschmaschine nicht zu empfehlen. Ausnahme: spezieller Woll-Waschgang.

- Wegen der in den handelsüblichen synthetischen Waschmitteln meist enthaltenen optischen Aufheller (Weißtöner) empfiehlt sich bei allen Handarbeiten die Verwendung von Feinwaschmitteln. Bitte beachten Sie hierbei die auf den Packungen stehenden Gebrauchsanweisungen und Dosierungen.

1. Stickereien mit Stickgarnen aus Baumwolle auf Stoffen aus Baumwolle, Leinen oder Halbleinen:
Das Waschgut kann bis zum Kochen erhitzt werden. Normaler Waschvorgang. Bitte Gebrauchsanweisungen der Waschmittelhersteller beachten.

2. Stickereien mit Stickgarnen aus Wolle auf Stoffen aus Wolle, Baumwolle, Halbleinen und Synthetik:
Handwarmes Waschbad, zügiges Durchwaschen mit leichtem Durchdrücken; nicht reiben, zerren oder wringen. Verwendung eines speziellen Wollwaschmittels! Nach dem Ausspülen werden die einzelnen Stücke am besten in saugfähige Tücher eingerollt und vorgetrocknet. Die Verwendung der Waschmaschine ist nicht zu empfehlen, weil die rotierende Trommelbewegung einen Scheuereffekt bewirkt, der zum Verfilzen der Stickwolle führen kann.

3. Gobelin-Arbeiten:
Sie sollten nicht gewaschen werden. Besser läßt man Gobelin-Arbeiten chemisch reinigen.

4. Synthetische und metallisierte Stickgarne:
Mit Feinwaschmittel behandeln und Vorschriften der Waschmittelhersteller beachten.

5. Stick- und Häkelkunstseide:
Farbecht gefärbte Stick- und Häkelkunstseide kann wie die unter 1. beschriebenen Handarbeiten behandelt werden. Allerdings empfiehlt es sich, wertvolle Stickarbeiten in handwarmem Waschbad unter Verwendung von Feinwaschmitteln zügig durchzuwaschen, nur leicht durchzudrücken und sofort gründlich zu spülen. Handarbeiten aus Stick- und Häkelkunstseide dürfen nicht geschleudert werden; sie sollten nur liegend getrocknet werden.

BÜGELN

- Vor dem Bügeln schwach anfeuchten. Das Bügeln selbst erfolgt auf weicher Unterlage von links. Die Einstellung Ihres Bügeleisens richtet sich nach dem verwendeten Gewebe beziehungsweise Garn (Pflegekennzeichen). Dabei ist es von Vorteil, wenn man die Bügeltemperatur eher etwas geringer als zulässig hält.

- Besondere Vorsicht ist bei Hardanger-, Hohlsaum-, Richelieu- oder Lochstickereien erforderlich, auch bei Tüll- und Schattenstickerei. Hier sei geraten, die Stickerei mit einem dünnen Tuch abzudecken und nicht mit der Bügeleisenspitze zu bügeln, damit Sie nicht in den Durchbrüchen oder im feinen Stoff hängenbleiben und Beschädigungen auslösen.

- Säume werden von rechts gebügelt. Wollgewebe oder mit Wollfäden angefertigte Stickarbeiten müssen gedämpft werden. Die Arbeit wird dazu mit einem feuchten Baumwolltuch abgedeckt. Mit dem Bügeleisen dämpft man den Gegenstand Stück für Stück. Dabei wird das Bügeleisen jeweils auf einer Stelle aufgesetzt, kurze Zeit dort belassen und dann auf eine neue Stelle gesetzt.

- Es darf nicht – wie sonst beim Bügeln üblich – hin und her bewegt werden; auch darf kein zu großer Druck auf dem Eisen lasten, sonst filzt die Wolle. Elastische Flächen nicht bügeln.

SPANNEN

Stickarbeiten, die nicht gebügelt werden dürfen, müssen, um die richtige Form zu erhalten, nach dem Waschen gespannt werden.

- Man läßt sie zuerst trocknen. Dann steckt man sie mit rostfreien Nadeln auf eine feste Unterlage, die man vorher mit einem Tuch und einer Werkzeichnung mit der genauen Größe und Form, die das Stück erhalten soll, bedeckt hat. Vorsicht: Nicht zu stark spannen, sonst können die Fäden ausreißen! Das Spannen muß in trockenem Zustand geschehen, weil nasser Stoff leicht reißt.

- Anschließend feuchtet man mit einem Schwämmchen die Arbeit an und läßt sie wieder trocknen. Erst wenn sie völlig trocken ist, können die Stecknadeln entfernt werden.

Die Handarbeit behält nun die Form, in die sie gespannt wurde, bis zur nächsten Wäsche.
Wer seine Handarbeiten so pflegt, wird sicher lange Freude daran haben.

Register